marie claire

Snacks + Drinks

© der deutschsprachigen Ausgabe:
KOMET Verlag GmbH, Köln

Übersetzung: Scriptorium, Köln

Gesamtherstellung: KOMET Verlag GmbH, Köln

ISBN 3-89836-372-4

marie claire

Snacks + Drinks

Michele Cranston

Fotografiert von
Petrina Tinslay

Inhalt

Einleitung

Durch unseren geschäftigen Alltag finden wir für förmliche Einladungen nur noch recht selten Zeit. Die moderne Alternative sind kleinere Treffen im Freundeskreis in der wenigen Zeit, die wir erübrigen können. So laden wir zu einem einfachen Frühstück mit Obst und einem Rhabarber-Shake, einem legeren Mittagessen mit Chili-Quesadillas und Rosenblätter-Sorbet, einem stilvollen Tee mit Gurken-Sandwiches, einem gepflegten Cocktail mit Gin Fizz und Enten-Pfannkuchen oder einem kleinen Beisammensein am Abend mit Eiscreme und Likör.

Marie Claire Snacks + Drinks bietet Anregungen für jede Gelegenheit, ganz gleich, ob Sie eher locker oder förmlich einladen möchten. Von süßen Frucht-Shakes für ein Frühstück über leichte Snacks bis hin zu Drinks für den Abend bietet dieses Buch einfache und schnell zuzubereitende Rezepte, die sowohl als kleine Häppchen als auch als volle Mahlzeit serviert werden können. Neben den einfachen Rezepten für Speisen und Getränke liefert es viele Ideen für Dekoration und stilvolle Präsentation, so dass die Vorbereitung einer Feier, sei es nun mit 6 oder 100 Gästen, ein Kinderspiel wird. Wie alle Marie Claire-Kochbücher möchte dieses Buch Ihnen mit seinen modernen Ideen für die frische Küche Spaß am Kochen vermitteln und Ihnen die Arbeit erleichtern.

Zutaten und Grundrezepte, die mit einem * markiert sind, finden Sie im Glossar.

1 Vormittags

Basics

Frühstück

Das Frühstück ist wichtiger als jede andere Mahlzeit des Tages. Daher sollte man gerade morgens auf die Qualität der Zutaten achten. Da ein herzhaftes Frühstück aus so einfachen Dingen wie einem Fruchtsaft und einer knusprigen Scheibe Brot bestehen kann, dürfen Sie sich ruhig das Beste gönnen.

Kaffeegenuss

Morgens kann man Menschen ganz einfach in zwei Gruppen unterteilen: Kaffeetrinker und Teetrinker. Vielleicht gehören ja auch Sie zu denjenigen, die den Tag am liebsten mit einer schönen Tasse Kaffee beginnen. Für einen erstklassigen Kaffee verwenden Sie am besten ganze Bohnen, die Sie in einem luftdichten Behälter aufbewahren und nach Bedarf frisch mahlen. Achten Sie beim Kauf von gemahlenem Kaffee darauf, dass Kaffeemaschinen, Cafétieren und Espressomaschinen unterschiedliche Mahlstärken benötigen.

Tee belebt!

Verzichten Sie doch einmal auf Ihren Morgenkaffee und beginnen Sie den Tag mit einer schönen Tasse Tee! Tee entspannt und belebt zugleich. Genau wie beim Kaffee ist die Zubereitung eines guten Tees mit einem bestimmten Ritual verbunden. Wärmen Sie die Kanne immer vor und brühen Sie den Tee immer mit frischem, kochenden Wasser auf. Lassen Sie den Tee etwa so lange ziehen, wie eine Scheibe Toast zum Rösten braucht, und genießen Sie ihn in vollen Zügen.

Joghurt

Wann immer möglich, sollten Sie Bio-Naturjoghurt verwenden oder zumindest einen Joghurt mit lebenden Joghurtkulturen. Nach heutigem Wissen unterstützen diese Kulturen die Verdauung. Genießen Sie also Ihren Joghurt mit dem guten Gefühl, Ihrem Körper etwas Gutes zu tun. Zum besonderen Genuss wird er, wenn Sie ihn mit frischen Früchten, Honig, Vanille, Ahornsirup, fein abgeriebener Zitrusschale oder auch mit fein geriebener weißer Schokolade verfeinern.

Brot und Butter

Machen Sie den Test! Was schmeckt köstlicher als eine Scheibe frisches Sauerteigbrot oder Mehrkornbrot mit guter Butter? Ein Bissen genügt und Sie werden überzeugt sein von der sahnig-milden Kornkraft. Und wenn dann noch selbstgemachte Marmelade mit ins Spiel kommt, wird das Butterbrot zum Hochgenuss. Probieren Sie es aus, mit nichts kann man Freunde und Familie einfacher verwöhnen, als mit herzhaftem Brot, Marmelade und einer Tasse duftenden Kaffees. Warum sollten Sie sich also mit weniger zufrieden geben?

Die Mischung macht's

Was kann morgens erfrischender sein als ein frischer Obstsaft oder Frucht-Shake? Laden Sie Ihre Freunde am Wochenende ein und stellen Sie alle notwendigen Zutaten bereit. Sie werden sehen, wie alle ihre Freude daran haben, ihre eigenen Saft- oder Shake-Kreationen zusammenzustellen.

Die Mischung macht's

Joghurt

Brot und Butter

Kaffeegenuss

Tee belebt!

Gute Ideen

Würzige Butter

Für das Würzen von Butter gibt es unendlich viele Möglichkeiten. Probieren Sie es einmal mit frischen Kräutern oder gerösteten Tomaten, karamellisierten Zwiebeln, geröstetem Knoblauch, Vanille, Honig, fein abgeriebener Zitrusschale, eingelegtem Ingwer oder Zitrone, gerösteten Gewürzen, gerösteten Nüssen oder frischem Honig.

Delikater Sirup

Wenn Sie Pfannkuchen mit Sirup lieben, dann sollten Sie sich eine Flasche erstklassigen Ahornsirup gönnen. Oder verfeinern Sie einen einfachen Zuckersirup* mit Vanille, fein abgeriebener Zitrusschale oder püriertem Obst.

Gekochte Eier

Verleihen Sie Ihrem Frühstücksei den besonderen Pfiff mit leckeren Beilagen wie süßer Chilisauce, grob gehackten frischen Kräutern, Avocadowürfeln, Räucherlachs, einem frischen Salat, entkernten Oliven, frischen Tomaten und schwarzem Pfeffer.

Geräucherter Fisch

Räucherfisch macht das Frühstück herzhaft. Mit Toast und gepfefferter Avocado oder einer Brioche ist Räucherlachs ein Genuss. Oder kombinieren Sie geräucherte Lachsforelle mit gekochtem Ei und frischer Petersilie zu einem leckeren Brunch.

Nüsse mit Honig

Ein paar Nüsse mit Honig machen den Joghurt zur Delikatesse. Erwärmen Sie 2 Teelöffel Honig mit 1 Teelöffel Butter in einem kleinen Topf, geben Sie je eine halbe Tasse Mandeln, Pinienkerne, Sonnenblumenkerne und Sesamkörner hinzu und rühren Sie alles bei schwacher Hitze gründlich durch. Nehmen Sie den Topf vom Herd und geben Sie ein paar Spritzer Zitronensaft darüber.

Frühstücksspeck

Der Duft von gebratenem Frühstücksspeck lockt auch den Letzten aus den Federn. Für diese eleganten kleinen Speckspiralen werden Speckstreifen um Holzspieße gewickelt und dann knusprig gebraten.

Gefrorenes Fruchtpüree

Wenn es Obst in Hülle und Fülle gibt, kann man die Früchte pürieren und in kleinen Würfeln einfrieren. Diese fruchtigen Eiswürfel machen jedes Fruchtgetränk zu einem Geschmackserlebnis. Oder Sie kochen die aufgetauten Würfel mit ein wenig Zucker auf. So schmeckt Ihr Frühstücksjoghurt zu jeder Jahreszeit sommerlich frisch.

EIER-FLIP Rühren Sie 250 ml Milch, 1 Esslöffel
Naturjoghurt, 1 frisches Ei und 1 Esslöffel Honig im
Mixer glatt, bis der Honig gelöst ist. Servieren Sie den
Flip frisch in einem gekühlten Glas.
(Für 1 Portion)

Zubereitungszeit: ca. 5 Minuten
Pro Portion ca. 315 kcal/1321 kJ
17 g E · 16 g F · 24 g KH

BANANEN-HONIG-SHAKE Rühren Sie 1 grob
geschnittene Banane, 180 g Naturjoghurt, 1 Esslöffel
Honig, 1 große Prise Muskat und 8 Eiswürfel im Mixer
glatt.
(Für 2 Portionen)

Zubereitungszeit: ca. 5 Minuten
Pro Portion ca. 146 kcal/611 kJ
4 g E · 4 g F · 24 g KH

MELONEN-ANANAS-WHIP Rühren Sie 250 ml frischen
Ananassaft, 250 g gewürfelte Honigmelone, 1 Esslöffel
Zitronensaft und 6 Eiswürfel im Mixer glatt und servieren
Sie den Whip in einem Glas.
(Für 2 Portionen)

Zubereitungszeit: ca. 5 Minuten
Pro Portion ca. 111 kcal/468 kJ
2 g E · 0 g F · 24 g KH

SOMMERMORGEN Rühren Sie ½ Banane, 250 g Ananas-
stücke, das Fruchtfleisch von 1 Passionsfrucht, 6 große
Minzeblätter und 8 Eiswürfel im Mixer glatt und servieren
Sie das Getränk frisch in einem gekühlten Glas.
(Für 2 Portionen)

Zubereitungszeit: ca. 5 Minuten
Pro Portion ca. 131 kcal/547 kJ
2 g E · 0 g F · 28 g KH

Pfirsich-Waffeln   Frühstücks-Trifle

Zitrusfrucht-Salat

Pfirsich-Waffeln

Für 16 Waffeln
125 g Zucker
Mark von ½ Vanilleschote
Saft von 1 Zitrone
2 große Pfirsiche, geschält, entsteint
und in je 8 Spalten geschnitten
1 Portion Waffelteig*
Ahornsirup zum Beträufeln

400 ml Wasser mit Zucker, Vanillemark und Zitronensaft in einem Topf aufkochen und rühren, bis der Zucker gelöst ist. Die Pfirsichspalten hinzufügen und erneut aufkochen. Die Temperatur reduzieren und 2 Minuten köcheln lassen. Die Pfirsichstücke in eine Schale geben, die Flüssigkeit bei mittlerer Hitze 10–12 Minuten zu Sirup reduzieren und über die Pfirsiche geben.
Die Waffeln in einem leicht gefetteten Waffeleisen goldgelb backen. Die Waffeln in Herzen teilen, mit Pfirsichstücken belegen und mit Sirup beträufelt servieren.

Zubereitungszeit: ca. 50 Minuten
Pro Stück ca. 178 kcal/744 kJ
4 g E · 7 g F · 24 g KH

Frühstücks-Trifle

Für 8 kleine Gläser
375 g mit Honig gesüßter Joghurt
200 g Knuspermüsli
500 g Obststücke nach Wahl, z. B. Mango, Pfirsich oder gemischte Beeren

Den Joghurt cremig rühren. Müsli, Joghurt und Obst in mehreren Schichten in kleine Gläser füllen und mit einer Fruchtschicht abschließen. Mit einem Teelöffel servieren.

Zubereitungszeit: ca. 10 Minuten
Pro Glas ca. 185 kcal/779 kJ
4 g E · 6 g F · 29 g KH

Zitrusfrucht-Salat

Für 8–10 kleine oder 4 große Portionen
3 Limetten
3 unbehandelte Orangen
2 Pink Grapefruit
Mark von 1 Vanilleschote
1 Tl Zucker
250 g mit Honig gesüßter Joghurt

Die Schale von 1 Limette und 1 Orange fein abreiben und in eine Schüssel geben. Limetten, Orangen und Grapefruit mit einem scharfen Messer schälen, filetieren oder in dünne Scheiben schneiden und den Saft auffangen. Die abgeriebenen Schalen mit Saft, Zucker und Vanillemark mischen und über das Obst geben. Mit dem Joghurt servieren.

Zubereitungszeit: ca. 30 Minuten
Pro Portion ca. 71 kcal/296 kJ
2 g E · 1 g F · 11 g KH

Papaya mit Kokos-Sambal

Für 4 Portionen
2 Tl Pflanzenöl
1 kleine Zwiebel, fein gehackt
2 El fein gehacktes Zitronengras, nur den weißen Teil
2 Tl Sambal Oelek*
45 g geröstete Kokosflocken
2 Tl brauner Zucker
Papaya zum Servieren

Das Öl in einem Topf bei mittlerer Hitze erhitzen und Zwiebel, Zitronengras und Sambal Oelek unter gelegentlichem Rühren 5 Minuten andünsten. Die Temperatur reduzieren, Kokosflocken, Zucker und ½ Teelöffel Salz hinzufügen und bei schwacher Hitze unter Rühren 12–15 Minuten goldbraun braten. Den Topf vom Herd nehmen und abkühlen lassen.
Die Mischung in einer Gewürzmühle auf die Größe von Semmelbröseln mahlen. Die Papaya in Spalten schneiden, mit dem Kokos-Sambal bestreuen und servieren.
Tipp: Überschüssiges Kokos-Sambal können Sie in einem luftdicht verschließbaren Behälter bis zum nächsten Gebrauch aufbewahren.

Zubereitungszeit: ca. 35 Minuten
Pro Portion ca. 54 kcal/228 kJ
1 g E · 4 g F · 3 g KH

Papaya mit Kokos-Sambal

ZITRONEN-JOGHURT-SHAKE Rühren Sie 125 g
Naturjoghurt, 60 ml Sahne, 2 Esslöffel feinsten Zucker,
2 Esslöffel Zitronensaft, 1/2 Teelöffel Vanillearoma und
1 Tasse Eiswürfel im Mixer glatt. Servieren Sie den Shake
in Gläsern mit ein wenig Muskat garniert. (Für 2 Portionen)

Zubereitungszeit: ca. 5 Minuten
Pro Portion ca. 219 kcal/915 kJ
3 g E · 11 g F · 25 g KH

BEEREN-SHAKE Rühren Sie je 70 g Erdbeeren,
Brombeeren und Himbeeren, 60 ml Zuckersirup*,
3 Esslöffel Naturjoghurt und 6 Eiswürfel im Mixer glatt
und servieren Sie den Shake in einem gekühlten Glas.
(Für 2 Portionen)

Zubereitungszeit: ca. 5 Minuten
Pro Portion ca. 180 kcal/752 kJ
2 g E · 2 g F · 36 g KH

RHABARBER-SHAKE Rühren Sie 250 g gekochten und
abgekühlten Rhabarber*, 380 g Naturjoghurt, 1/2 Teelöffel
Zimt und 16 Eiswürfel im Mixer glatt. Servieren Sie den
Shake frisch in gekühlten Gläsern. (Für 4 Portionen)

Zubereitungszeit: ca. 10 Minuten
Pro Portion ca. 71 kcal/298 kJ
4 g E · 4 g F · 5 g KH

FEIGEN-HONIG-SHAKE Rühren Sie 2 reife schwarze Feigen
(grob gehackt), 1 Esslöffel Honig, 180 g Naturjoghurt und
8 Eiswürfel im Mixer glatt. Servieren Sie den Shake mit
gehackten Walnüssen garniert. (Für 2 Portionen)

Zubereitungszeit: ca. 5 Minuten
Pro Portion ca. 120 kcal/502 kJ
4 g E · 4 g F · 17 g KH

Rührei-Tarteletts

Kürbis-Muffins mit Orangenmarmelade   Zucchini-Majoran-Frittatas

Rührei-Tarteletts

Für 24 Tarteletts
2 Scheiben Parmaschinken, in je 12 Streifen geschnitten
4 Eier
190 ml Sahne
30 g Butter
24 vorgebackene Tarteletts*

Den Backofen auf 180 °C vorheizen. Die Schinkenstreifen auf ein mit Backpapier ausgelegtes Backblech geben und im Ofen knusprig backen. Auf Küchenpapier abtropfen lassen und auf die Seite stellen. Eier und Sahne in einer Schüssel leicht verschlagen und mit Salz und Pfeffer abschmecken. Die Hälfte der Butter in einer beschichteten Pfanne bei mittlerer Hitze zerlassen. Die Hälfte der Eimischung hineingeben, mit einem Spatel vorsichtig verrühren, bis das Ei gestockt ist, und sofort vom Herd nehmen. Das Rührei auf die Hälfte der Tarteletts verteilen und mit der Hälfte der Schinkenstreifen garnieren. Die zweite Portion Rührei mit der restlichen Butter und der restlichen Eimischung auf dieselbe Weise zubereiten und garnieren.

Zubereitungszeit: ca. 30 Minuten
Pro Stück ca. 89 kcal/372 kJ
2 g E · 7 g F · 4 g KH

Kürbis-Muffins mit Orangenmarmelade

Für 36 Muffins
300 g Kochkürbis, geschält und in Stücke geschnitten
185 g mit 1 ½ Tl Backpulver vermischtes Mehl
½ Tl geriebene Muskatnuss
110 g feinster Zucker
1 großes Ei
2 El Naturjoghurt
35 g Butter, zerlassen
80 g Pinienkerne, geröstet
100 g weiche Butter zum Servieren
100 g Orangenmarmelade zum Servieren

Die Kürbisstücke in einem Topf mit Wasser weich kochen, abgießen und pürieren.
Den Backofen auf 180 °C vorheizen. Mehl, Muskat und eine Prise Salz in eine große Schüssel sieben, mit dem Zucker vermischen und eine Mulde in die Mitte drücken. In einer zweiten Schüssel das Ei mit Joghurt, Kürbispüree und Butter verschlagen. Die Eimischung in die Mulde geben und zu einem glatten Teig verrühren. Die Pinienkerne einrühren und 3 Muffins-Bleche mit Papier-Backförmchen auskleiden. Den Teig auf die Backförmchen verteilen. 10–12 Minuten goldbraun backen und auf einem Kuchengitter abkühlen lassen. Die Muffins aufschneiden und mit Butter und Marmelade servieren.

Zubereitungszeit: ca. 1 Stunde
Pro Muffin ca. 84 kcal/350 kJ
1 g E · 4 g F · 9 g KH

Zucchini-Majoran-Frittatas

Für 24 Frittatas
20 g Butter
1 rote Zwiebel, in dünne Streifen geschnitten
1 Tl fein gehackte frische Majoranblätter
375 g grob geriebene Zucchini
6 Eier
50 g frisch geriebener Parmesan

Den Backofen auf 180 °C vorheizen. Die Butter in einer Pfanne zerlassen und Zwiebel und Majoran bei mittlerer Hitze 7–10 Minuten goldbraun anbraten. Die Mischung auf zwei leicht gefettete Tartelettbleche mit je 12 Mulden verteilen und mit Zucchini bestreuen. Die Eier mit 1 Esslöffel Wasser verschlagen, mit Salz und weißem Pfeffer abschmecken und auf die Tarteletts verteilen. Mit Parmesan bestreuen und 10 Minuten goldgelb backen.

Zubereitungszeit: ca. 35 Minuten
Pro Stück ca. 42 kcal/176 kJ
3 g E · 3 g F · 1 g KH

Gefüllte Crêperöllchen

Für 10 Crêperöllchen
Für die Füllung:
1 El Olivenöl
2 Tl gemahlener Kreuzkümmel
1 Tl gemahlener Koriander
2 Tl Senfkörner
2 rote Zwiebeln, gewürfelt
2 Knoblauchzehen, fein gehackt
1 rote Paprika, gewürfelt
1 gelbe Paprika, gewürfelt
1 El Balsamessig
Für die Crêpes:
3 El fein geschnittener Schnittlauch
1 Portion Crêpes-Teig*
50 g weiche Butter
5 El fein gehackte frische Korianderblätter

Das Öl in einer Pfanne stark erhitzen und Kümmel, Koriander und Senfkörner rösten, bis die Senfkörner zu platzen beginnen. Zwiebeln und Knoblauch hinzufügen, die Hitze reduzieren und unter ständigem Rühren 5–7 Minuten glasig andünsten. Die Paprika hinzufügen, abdecken und unter gelegentlichem Rühren 15 Minuten dünsten. Den Essig einrühren und mit Salz und frisch gemahlenem schwarzen Pfeffer abschmecken.
Das Schnittlauch in den Crêpeteig einrühren. Eine kleine Pfanne mit etwas Butter einfetten und bei mittlerer Hitze erhitzen. Zwei El Crêpeteig in die Pfanne geben und schwenken, bis der Teig den Boden bedeckt. Einige Minuten backen, bis der Teig am Rand knusprig ist, dann wenden und 1 weitere Minute backen. Den Crêpe aus der Pfanne heben und mit dem übrigen Teig auf dieselbe Weise verfahren. Die Füllung auf die Crêpes verteilen, mit Korianderblättern bestreuen und aufrollen.

Zubereitungszeit: ca. 1 Stunde
Pro Stück ca. 194 kcal/813 kJ
6 g E · 13 g F · 12 g KH

Gefüllte Crêperöllchen

Plundertäschchen

Ananas-Muffins

Walnuss-Speck-Maisbrötchen

Käse-Oliven-Sandwiches

Plundertäschchen

Für 12 Täschchen
1 Rolle frischer Blätterteig
1 Ei
60 ml Milch
1 Portion Konditorcreme*
4 kleine Pflaumen, entsteint und geachtelt

Den Backofen auf 180 °C vorheizen. Den Blätterteig in
16 kleine Quadrate schneiden. Das Ei mit der Milch
verschlagen und auf die Seite stellen. Die Blätterteig-
quadrate auf 16 flache, leicht gefettete Tartelettförmchen
verteilen, die Böden mit der Gabel einstechen und je 1 Teelöffel Konditorcreme darauf geben. Die Pflaumenstücke auf
die Tartelets verteilen, den Teig leicht darüber zusammen-
falten und mit Eimilch bestreichen. 12–15 Minuten goldbraun backen und heiß oder leicht abgekühlt servieren.

Zubereitungszeit: ca. 30 Minuten
Pro Stück ca. 157 kcal/656 kJ
3 g E · 10 g F · 14 g KH

Walnuss-Speck-Maisbrötchen

Für 24 Maisbrötchen
1 El Walnussöl
250 ml Milch
90 g Butter
200 g Frühstücksspeck, in dünne Streifen geschnitten
125 g Polenta
325 g Mehl
2 TI Backpulver
1 TI Speisenatron
3 Eier
200 g Joghurt
3 Frühlingszwiebeln, in dünne Streifen geschnitten
100 g grob gehackte Walnüsse
Butter zum Servieren

Den Backofen auf 180 °C vorheizen. Ein Muffinsblech mit
12 Vertiefungen leicht mit Walnussöl einfetten oder mit
Papier-Backförmchen auslegen. Die Milch in einem kleinen
Topf erhitzen, die Butter darin zerlassen und auf die Seite
stellen.
Die Speckstreifen in einer Pfanne knusprig braten und auf
die Seite stellen. Die Trockenzutaten mit ½ Teelöffel Salz
in eine Rührschüssel sieben und eine Mulde in die Mitte
drücken. Das Ei mit Joghurt und Milch verschlagen und mit
den Trockenzutaten zu einem glatten Teig verrühren. Frühlingszwiebeln, Walnüsse und Speck in den Teig einrühren.
Die Hälfte des Teiges auf die Mulden des Muffinblechs
verteilen und 15–20 Minuten goldbraun backen. Den Vorgang mit dem restlichen Teig wiederholen. Die Maisbrötchen warm mit Butter zum Bestreichen servieren.

Zubereitungszeit: ca. 50 Minuten
Pro Stück ca. 171 kcal/714 kJ
5 g E · 10 g F · 15 g KH

Ananas-Muffins

Für 18 Muffins
160 g Mehl
2 TI Backpulver
165 g Zucker
½ TI Zimt
110 g Kokosraspeln
45 g Butter, zerlassen
190 ml Milch
2 Eier
1/2 gewürfelte frische Ananas

Den Backofen auf 180 °C vorheizen. Mehl, Backpulver und
eine Prise Salz in eine große Rührschüssel sieben und mit
Zucker, Zimt und Kokosraspeln mischen. Eine Mulde in die
Mitte drücken, Butter, Milch und Eier hineingeben und zu
einem glatten Teig verrühren. Die Ananasstücke in den Teig
einrühren.
Ein Muffinsblech einfetten oder mit Papier-Backförmchen
auslegen. Die Förmchen mit je 1 gehäuften El Teig füllen
und 15–17 Minuten goldbraun backen.

Zubereitungszeit: ca. 40 Minuten
Pro Stück ca. 149 kcal/625 kJ
2 g E · 7 g F · 18 g KH

Käse-Oliven-Sandwiches

Für 12 Sandwiches
50 g entkernte und in dünne Streifen geschnittene grüne
Oliven
100 g Mozzarella*, gerieben
30 g frischer Parmesan*, gerieben
2 El grob gehackte frische glatte Petersilie
8 Scheiben Weißbrot ohne Kruste
2 El Olivenöl

Den Backofen auf 180 °C vorheizen. Oliven, Mozzarella,
Parmesan und Petersilie in einer Schüssel mischen. Vier
Scheiben Weißbrot mit der Hälfte des Olivenöls bestreichen
und mit der bestrichenen Seite nach unten auf ein
gefettetes Backblech legen. Die Käsemischung auf die
Weißbrotscheiben verteilen und mit den restlichen
Weißbrotscheiben belegen. Die Oberseite der Sandwiches
mit dem restlichen Olivenöl bestreichen und 10 Minuten
goldgelb backen. Falls nötig wenden. Aus dem Ofen
nehmen und jedes Sandwich in 3 Streifen schneiden.

Zubereitungszeit: ca. 30 Minuten
Pro Stück ca. 95 kcal/398 kJ
4 g E · 5 g F · 8 g KH

Bananen-Pfannkuchen

Panettone-Streifen mit Rhabarber   Zimt-Toast

Bananen-Pfannkuchen

Für 12–15 Pfannkuchen

125 g geriebener Palmzucker* oder brauner Zucker

250 ml frischer Ananassaft

1 El Limettensaft

2 Bananen

2 El feinster Zucker

30 g Butter

1 Portion Pfannkuchenteig*

Palmzucker und Ananassaft in einem kleinen Topf bei starker Hitze aufkochen. Die Temperatur reduzieren und köcheln lassen, bis der Saft etwa um die Hälfte reduziert und zu Sirup geworden ist. Auf die Seite stellen und den Limettensaft einrühren. Die Banane in dünne Scheiben schneiden und im Zucker wenden. Ein wenig Butter in einer Pfanne bei mittlerer Hitze zerlassen, 1 El Pfannkuchenteig in die Pfanne geben und 1 Minute backen. Mit einer Bananenscheibe belegen und backen, bis der Teig Bläschen wirft. Den Pfannkuchen wenden und weitere 2 Minuten backen. Aus der Pfanne heben und warm stellen. Mit dem übrigen Teig und den restlichen Bananenscheiben auf dieselbe Weise verfahren. Falls nötig, mehr Butter in die Pfanne geben. Die Pfannkuchen mit Ananassirup beträufelt servieren.

Zubereitungszeit: ca. 1 Stunde · 10 Minuten

Pro Stück ca. 138 kcal/576 kJ

2 g E · 3 g F · 26 g KH

Panettone-Streifen mit Rhabarber

Für 12 Panettone-Streifen

6 Rhabarberstangen, geputzt

½ Tl geriebener frischer Ingwer

1 Tl fein abgeriebene Orangenschale

80 ml Orangensaft

Mark von ½ Vanilleschote

65 g brauner Zucker

15 g Butter

12 Panettone*-Streifen, ca. 2 cm x 12 cm

Puderzucker zum Servieren

Den Backofen auf 180 °C vorheizen. Die Rhabarberstangen in 12 cm lange Stücke schneiden. Ingwer, Orangenschale und -saft, Vanillemark, braunen Zucker und Butter in eine feuerfeste Form geben und ca. 1 Minute in den Ofen geben, bis die Butter zerlassen ist. Aus dem Ofen nehmen, gründlich verrühren und den Rhabarber einrühren, bis er rundum mit Zuckersirup überzogen ist. Die Mischung 10 Minuten in den Ofen geben, den Rhabarber wenden und weitere 10 Minuten backen. Herausnehmen und abkühlen lassen. Die Panettone-Streifen goldbraun toasten, mit je einem Stück Rhabarber belegen, mit etwas Sirup beträufeln und mit Puderzucker bestreut servieren.

Zubereitungszeit: ca. 35 Minuten

(plus Zeit zum Abkühlen)

Pro Stück ca. 88 kcal/367 kJ

1 g E · 3 g F · 14 g KH

Zimt-Toast

Für 5 Toasts

5 dicke Scheiben Weißbrot ohne Kruste

1 Ei

1 El Zucker

1 Tl Zimt

125 ml Milch

Butter, zum Braten

Zucker, zum Bestreuen

1250 g Naturjoghurt zum Servieren

frisches Obst der Saison zum Servieren

100 ml Ahornsirup zum Servieren

2 El fein gehackte geröstete Pekannüsse zum Servieren

Die Weißbrotscheiben in je zwei Rechtecke schneiden. Das Ei mit Zucker und Zimt in einer Schüssel verschlagen und die Milch einrühren. 1 El Butter in einer Pfanne bei mittlerer Hitze zerlassen. Die Brotscheiben nacheinander vollständig in die Milch eintauchen. Eine Seite der Brotscheiben mit Zucker bestreuen und mit der Zuckerseite nach unten 3 Minuten goldbraun anrösten. Die Oberseite mit Zucker bestreuen, wenden und ebenfalls goldbraun anrösten. Die Toasts mit Joghurt, frischem Obst, Ahornsirup und Pekannüssen garniert servieren.

Zubereitungszeit: ca. 40 Minuten

Pro Stück ca. 347 kcal/1457 kJ

7 g E · 12 g F · 52 g KH

Obstsalat mit Rosenwasser

Für 6 Portionen

70 g getrocknete Feigen

70 g getrocknete Aprikosen

70 g entsteinte Trockenpflaumen

60 g Zucker

60 ml Orangensaft

1 Zimtstange

2 Sternanis

½ Tl Rosenwasser*

250 g Naturjoghurt zum Servieren

150 g geröstete Mandelblätter zum Garnieren

Das Trockenobst in mundgerechte Stücke schneiden und in eine Schüssel geben. 250 ml Wasser in einem kleinen Topf mit Zucker, Orangensaft, Zimtstange und Sternanis unter Rühren bei mittlerer Hitze aufkochen und 5–6 Minuten köcheln lassen. Den Topf vom Herd nehmen und das Rosenwasser einrühren. Den Sirup über das Trockenobst gießen und mehrere Stunden oder über Nacht ziehen lassen. Den Obstsalat mit Mandelblättern garnieren und mit Joghurt servieren.

Zubereitungszeit: ca. 20 Minuten

(plus Zeit zum Durchziehen)

Pro Portion ca. 307 kcal/1287 kJ

8 g E · 16 g F · 33 g KH

Obstsalat mit Rosenwasser

Birnen-Honig-Shake

Mango-Erdbeer-Aprikosensaft

Melonen-Ingwer-Whip

Tamarinden-Pfirsich-Cooler

Birnen-Honig-Shake

Für 2 Portionen

2 grüne Birnen, geschält und klein gewürfelt

1 El Honig

125 g Naturjoghurt

8 Eiswürfel

Die Zutaten mit 125 ml Wasser im Mixer glatt rühren, in hohe Gläser füllen und frisch servieren.

Zubereitungszeit: ca. 5 Minuten
Pro Portion ca. 162 kcal/676 kJ
3 g E · 3 g F · 31 g KH

Mango-Erdbeer-Aprikosensaft

Für 2 Portionen

1 Mango, geschält und entsteint

250 ml Aprikosensaft

6 Erdbeeren

6 Eiswürfel

Die Zutaten im Mixer glatt rühren, in hohe Gläser füllen und frisch servieren.

Zubereitungszeit: ca. 5 Minuten
Pro Portion ca. 163 kcal/682 kJ
2 g E · 1 g F · 34 g KH

Melonen-Ingwer-Whip

Für 2 Portionen

1 El gehackter frischer Ingwer

2 Tassen gewürfeltes Fruchtfleisch einer Cantaloupe-Melone

250 g Orangensaft

8 Eiswürfel

Die Zutaten im Mixer glatt rühren, in hohe Gläser füllen und frisch servieren.

Zubereitungszeit: ca. 10 Minuten
Pro Portion ca. 63 kcal/266 kJ
2 g E · 0 g F · 12 g KH

Tamarinden-Pfirsich-Cooler

Für 2 Portionen

250 ml Tamarindenwasser*

2 reife Pfirsiche, geschält, halbiert und entsteint

6–8 Eiswürfel

Die Zutaten im Mixer glatt rühren, nach Wunsch mit etwas Zucker nachsüßen, in hohe Gläser füllen und frisch servieren.

Zubereitungszeit: ca. 5 Minuten
Pro Portion ca. 81 kcal/342 kJ
1 g E · 0 g F · 17 g KH

Bloody Mary

Für 1 Portion

150 g Tomaten, fein gehackt

80 ml Tomatensaft

60 ml Wodka

¼ Tl Worcestersauce

¼ Tl Tabasco

1 Tl Meerrettich

1 Tl Limettensaft

Eis, zum Servieren

1 Selleriestange und fisch gemahlener

Schwarzer Pfeffer zum Garnieren

Die Tomatenstücke in eine Schüssel geben, mit ¼ Teelöffel Salz bestreuen und 30 Minuten ziehen lassen. Tomatensaft und Tomaten im Mixer glatt rühren. Die Tomatenmasse in einem Shaker mit Wodka, Worcestersauce, Tabasco, Meerrettich und Limettensaft kräftig schütteln. Die Eiswürfel in ein Glas geben, den Tomatensaft darüber gießen und mit Selleriestange und Pfeffer garniert servieren.

Zubereitungszeit: ca. 10 Minuten
(plus Zeit zum Durchziehen)
Pro Portion ca. 189 kcal/796 kJ
2 g E · 1 g F · 7 g KH

Bloody Mary

Kartoffelpuffer mit Räucherlachs

Gefüllte Champignons   Schnittlauch-Lachspuffer

Kartoffelpuffer mit Räucherlachs

Für 45 Stück
45 g Butter
2 Lauchstangen, fein gehackt
2 El frische Thymianblätter
650 g geschälte geriebene Kartoffeln
2 Eier, leicht verschlagen
40 g Mehl
Pflanzenöl, zum Ausbacken
150 g Räucherlachs

Die Butter in einer kleinen Pfanne zerlassen und Lauch und Thymian unter gelegentlichem Rühren 15–20 Minuten bei mittlerer Hitze dünsten, bis der Lauch gar und leicht gebräunt ist. Auf die Seite stellen und abkühlen lassen. Kartoffeln, Eier und Mehl in einer Schüssel mischen und mit Salz und frisch gemahlenem schwarzen Pfeffer abschmecken. Die Kartoffelmasse in ein Sieb geben und überschüssige Flüssigkeit vorsichtig herausdrücken. Eine Pfanne ca. 5 mm hoch mit Pflanzenöl füllen und bei mittlerer Hitze erwärmen. Gehäufte Teelöffel der Kartoffelmasse in das heiße Öl geben, mit dem Löffel leicht flach drücken und 4–5 Minuten von jeder Seite goldbraun ausbacken. Die Puffer herausheben und auf Küchenpapier abtropfen. Den Vorgang wiederholen, bis die gesamte Kartoffelmasse aufgebraucht ist.
Den Räucherlachs in 5 mm dünne Streifen schneiden, auf die Kartoffelpuffer verteilen und mit Lauch garniert servieren.

Zubereitungszeit: ca. 1 Stunde 15 Minuten
Pro Stück ca. 55 kcal/231 kJ
1 g E · 4 g F · 3 g KH

Gefüllte Champignons

Für 18 Champignons
60 g Ricotta
½ Tl fein gehackter frischer Majoran
¼ Tl fein gehackter frischer Rosmarin
2 Scheiben Parmaschinken*, in dünne Streifen geschnitten
2 Tl Olivenöl
18 Knopfchampignons

Den Backofen auf 180 °C vorheizen. Ricotta, Kräuter, Schinken und Öl in einer kleinen Schüssel verrühren und mit Salz und frisch gemahlenem schwarzem Pfeffer abschmecken. Die Stiele aus den Champignonköpfen herausdrehen und mit einem scharfen Messer eine dünne Scheibe von der Oberseite der Köpfe anschneiden, damit die Champignons sicher stehen. Die Champignonköpfe mit der Ricottamischung füllen und auf ein Backblech setzen. Leicht mit Salz und Pfeffer würzen und 12–15 Minuten backen.

Zubereitungszeit: ca. 30 Minuten
Pro Stück ca. 13 kcal/54 kJ
1 g E · 1 g F · 0 g KH

Schnittlauch-Lachspuffer

Für 36 Stück
250 g Lachsfilet ohne Haut und Gräten
3 Tl fein abgeriebene Zitronenschale
2 Eier, leicht verschlagen
125 g Mehl
1 Tl Backpulver
2 El Naturjoghurt
20 g fein gehackter Knoblauch
40 g fein gehackte Frühlingszwiebeln
Pflanzenöl, zum Braten
Zitronenspalten zum Garnieren

Den Lachs in 1 cm große Würfel schneiden, in eine Schüssel geben und bis zur Verwendung abgedeckt kalt stellen.
Zitronenschale, Eier, Mehl, Backpulver und Joghurt in einer Schüssel zu einem glatten Teig verrühren. Erst kurz vor dem Kochen Lachs, Knoblauch und Frühlingszwiebeln unter den Teig heben und mit Salz und Pfeffer abschmecken.
1 Esslöffel Öl in einer großen Pfanne bei mittlerer Hitze erhitzen. Gehäufte Teelöffel des Teigs in das heiße Öl geben, mit dem Löffel flach drücken und von beiden Seiten goldbraun backen. Die Puffer herausnehmen und auf Küchenpapier abtropfen. Den Vorgang wiederholen, bis der gesamte Teig verarbeitet ist. Falls nötig, erneut Öl in die Pfanne geben. Die Puffer warm mit Zitronenspalten garniert servieren.

Zubereitungszeit: ca. 40 Minuten
Pro Stück ca. 42 kcal/177 kJ
2 g E · 2 g F · 3 g KH

Zimtstangen

Für 24 Stück
2 Tl Zimt
55 g feinster Zucker
½ Rolle frischer Blätterteig
15 g Butter, zerlassen

Zimt und Zucker in einer kleinen Schüssel mischen. Den Blätterteig in 5 mm breite Streifen schneiden und auf ein mit Backpapier ausgelegtes Backblech legen. Mit Butter bestreichen und mit etwas Zimt und Zucker bestreuen. Den Backofen auf 160 °C vorheizen. Die Teigstreifen einzeln zu Spiralen verdrehen, mit dem restlichen Zimt und Zucker bestreuen und mindestens 10 Minuten im Kühlschrank ruhen lassen. 10–12 Minuten goldbraun backen und auf einem Kuchengitter abkühlen lassen. Die Zimtstangen schmecken gut zu heißem Kakao.

Zubereitungszeit: ca. 25 Minuten
(plus Zeit zum Ruhen)
Pro Stück ca. 34 kcal/140 kJ
0 g E · 2 g F · 4 g KH

Zimtstangen

Snacks für den ganzen Tag

Basics

Lockeres Beisammensein

Tageseinladungen können so einfach sein: Bereiten Sie kleine Leckereien mit unterschiedlichen Geschmacksnoten vor, stellen Sie alles mit ein paar leckeren Käsesorten, knusprigem Brot und gekühlten Getränken zu einem Buffet zusammen und Ihre Gäste können sich nach Herzenslust bedienen. Und nach dem Essen lehnt man sich zurück und genießt gemeinsam den Nachmittag.

Kühlendes Nass

Auch wenn eine Gartenparty per Definition eine informelle Feier ist, kann sie durch feine Servietten, glänzendes Besteck und polierte Gläser zu einem besonderen Fest werden. Bei hohen Temperaturen sollten Sie immer darauf achten, genügend gekühltes Mineralwasser vorrätig zu haben. Und mit Eiswürfeln können Sie sicherstellen, dass die Getränke Ihrer Gäste auch den ganzen Nachmittag hindurch immer gut gekühlt sind.

Alles zum Mitnehmen

Wenn Sie ein Picknick veranstalten möchten, aber beim besten Willen keinen Picknick-Korb finden können, denken Sie sich lustige neue Transportbehälter aus. Basteln Sie kleine Pappschachteln, die Sie mit Namensschildern versehen, oder legen Sie einen asiatischen Bambusdämpfer mit einer Leinenserviette aus und transportieren Sie darin Reispapiertaschen, Frühlingsrollen, selbst gebackenen Kuchen oder frisches Obst. Wenn Sie es nostalgisch mögen, können Sie Decken und Vorräte auch in einer Wäschetruhe aus Korbgeflecht transportieren.

Der Schoß als Tablett

Schlagen Sie große Suppentassen in Stoffservietten ein und schnüren Sie Messer und Gabel oder auch Essstäbchen in den Knoten auf der Oberseite mit ein. Ob beim Picknick oder auf der Gartenparty – so hat jeder gleich Geschirr und Besteck zur Hand und kann es bequem auf der Serviette auf dem Schoß ablegen. Mit unterschiedlichen Stoffen und Farben können diese kleinen Pakete sehr dekorativ wirken.

Frische Servierideen

Lassen Sie Besteck und Geschirr im Schrank und servieren Sie auf ganz ungewohnte Weise. Bereiten Sie eine Auswahl verschiedener Salate vor und versehen Sie jeden mit einer Reihe Vorlegelöffel. Stellen Sie in einer großen Schüssel gewaschene grüne Salatblätter auf Eis und daneben Papierservietten bereit. So können die Gäste die Salate direkt auf ein Salatblatt geben und dieses aufrollen. Das Eis hält die Salatblätter frisch und kühl – ideal für eine Sommerparty.

Kühlendes Nass

Der Schoß als Tablett

Alles zum Mitnehmen

Lockeres Beisammensein

Frische Servierideen

Gute Ideen

Kleine Schalen

Füllen Sie kleine Schalen mit leckeren Snacks oder Suppen wie beispielsweise japanischen Soba-Nudeln (Buchweizennudeln) mit frischen Kräutern, Farfalle mit Pesto, Orecchiette mit frischer Tomatensauce, Caesar-Salat, einer Laksa- oder einer Miso-Suppe.

Reispapier-Taschen

Diese kleinen Täschchen können Sie nach Lust und Laune füllen und so schnell und einfach wahre Geschmackswunder herstellen, die einfach aus der Hand gegessen werden. Legen Sie das Reispapier 1–2 Minuten in warmem Wasser ein und füllen Sie es dann z. B. mit Ente, Mango, Zuckerschotensprossen und ein wenig Szechuanpfeffer.

Andere interessante Füllungen für Reispapiertaschen sind beispielsweise mit Limetten angebratene Garnelen mit Zitronengras und Koriander oder Reis-Vermicelli mit Minze, Koriander und Knoblauch. Dazu serviert man eine thailändische Dip-Sauce.

Leckere Füllungen für dünne Fladen sind auch kalter Braten mit Gurke, Mixed Pickles und geröstete Paprika oder scharfe Guacamole mit Korianderblättern und Eisbergsalat.

Fladenröllchen

Sehr einfach herzustellen sind auch gefüllte Röllchen aus hauchdünnen arabischen Fladenbroten. Delikate Füllungen sind z. B. Hühnchen mit Zitronen-Mayonnaise*, Mango-Chutney und Bohnensprossen oder Roastbeef mit Rote Bete-Relish und frischer Minze.

Oder versuchen Sie andere Variationen für Mini-Pizzen wie z. B. geröstete rote Paprika mit Artischockenherzen und Ziegenkäse oder Salami mit Pesto und Mozzarella. Einfach, aber köstlich sind auch karamellisierte Zwiebeln mit Sardellen oder Blauschimmelkäse mit Rucola.

Mini-Pizzen

Rollen Sie aus Pizzateig* kleine Pizzaböden aus und belegen Sie sie mit Ihren Lieblings-Kombinationen wie Parmaschinken mit frischen Feigen oder geröstetem Kürbis mit Schafskäse, schwarzen Oliven und Thymian.

Pan Bagnat

Hühnersalat mit Pinienkernen   Hühnchen-Kräutersalat

Pan Bagnat

Für 20 Stück

1 dünnes Baguettebrot

1 El natives Olivenöl extra

1 Knoblauchzehe, halbiert

2 rote Paprika, geschält, entkernt und geröstet

1 El Kapern*, gewaschen und abgetropft

185 g Thunfisch aus der Dose, abgetropft

15 schwarze Oliven, entkernt

½ kleine rote Zwiebel, in feine Streifen geschnitten

15 Basilikumblätter

10 g grob gehackte frische glatte Petersilie

10 Sardellenfilets

100 g eingelegte Artischockenherzen, abgetropft

Das Baguette mit einem scharfen Messer der Länge nach aufschneiden und beide Hälften aushöhlen. Die Brothälften innen mit Olivenöl bestreichen und mit Knoblauch ausreiben.
Die Paprika in dünne Streifen schneiden, mit den restlichen Zutaten in einer Schüssel vermischen und mit Salz und frisch gemahlenem schwarzem Pfeffer abschmecken.
Die Mischung auf die Unterseite des Baguettes häufen und das Baguette mit der oberen Hälfte abdecken, so dass die Füllung ganz umhüllt wird. Das Baguette in Frischhaltefolie einwickeln und mit einem Schneidebrett oder schweren Topf beschwert über Nacht im Kühlschrank ruhen lassen.
In ca. 2 cm breite Stücke geschnitten servieren.

Zubereitungszeit: ca. 30 Minuten
(plus Zeit zum Ruhen)
Pro Stück ca. 62 kcal/259 kJ
4 g E · 2 g F · 7 g KH

Hühnersalat mit Pinienkernen

Für 15 kleine oder 4 normale Portionen

1 Eigelb

1 Tl Balsamessig

125 ml Olivenöl

2 Sardellenfilets, fein gehackt

2 Hühnerbrüste (400 g), gekocht und klein geschnitten

50 g Kapern*, gewaschen und abgetropft

30 g geröstete Pinienkerne

70 g Johannisbeeren

10 g grob gehackte frische glatte Petersilie

Fein abgeriebene Schale von 1 Zitrone

Eigelb und Essig in einer kleinen Schüssel mit einem Schneebesen verschlagen. Unter ständigem Rühren das Öl hinzugeben und zu einer cremigen Mayonnaise verschlagen. Die Sardellen unter die Mayonnaise heben, mit Salz und frisch gemahlenem schwarzem Pfeffer abschmecken und auf die Seite stellen.
Die restlichen Zutaten in einer großen Schüssel vermischen und die Sardellen-Mayonnaise unterrühren. Den Salat in kleinen Schalen servieren und nach Wunsch mit frisch gemahlenem schwarzem Pfeffer garnieren.

Zubereitungszeit: ca. 20 Minuten
Pro kleine Portion ca. 121 kcal/506 kJ
7 g E · 10 g F · 1 g KH

Hühnchen-Kräutersalat

Für 15 kleine oder 4 normale Portionen

2 Hühnerbrüste (400 g), gekocht und klein geschnitten

3 Frühlingszwiebeln, diagonal in dünne Scheiben geschnitten

1 ½ El grob gehackte frische Korianderblätter

1 ½ El grob gehackte frische Minzeblätter

30 g Röstzwiebeln

2 El geröstete Sesamkörner

2 El Limettensaft

2 El Fischsauce

2 Tl geriebener frischer Ingwer

2 rote Chilischoten, entkernt und fein gehackt

1 El Palmzucker

Hühnchenfleisch, Frühlingszwiebeln, Koriander, Minze, Röstzwiebeln und Sesamsamen in einer großen Schüssel mischen. In einer kleinen Schüssel Limettensaft, Fischsauce, Ingwer, Chillies und Palmzucker verrühren, bis der Zucker gelöst ist. Das Dressing über den Hühnchensalat geben und gründlich vermischen.

Zubereitungszeit: ca. 15 Minuten
Pro Portion ca. 58 kcal/244 kJ
7 g E · 2 g KH · 3 g F

Herzhafte Roggenbrot-Streifen

Für 15 Stück

5 Scheiben Roggenbrot ohne Kruste

100 g Ziegenfrischkäse

5 Scheiben Parmaschinken*, in je drei Streifen geschnitten

40 g fein gehackte Sauerkirschen aus dem Glas

Die Brotscheiben in je drei Streifen schneiden und mit Ziegenfrischkäse bestreichen. Schinkenstreifen und Sauerkirschen auf die Brotstreifen verteilen. Mit frisch gemahlenem schwarzen Pfeffer garnieren und frisch servieren.

Zubereitungszeit: ca. 10 Minuten
Pro Stück ca. 60 kcal/253 kJ
2 g E · 3 g F · 7 g KH

Herzhafte Roggenbrot-Streifen

BANANEN-KARDAMOM-SHAKE Rühren Sie die Samen einer kleinen Kardamomkapsel, 1 in Stücke geschnittene Banane, 125 g Naturjoghurt und 1 ½ Tassen Eiswürfel im Mixer glatt und servieren Sie den Shake frisch in gekühlten Gläsern. (Für 2 Portionen)

Zubereitungszeit: ca. 5 Minuten
Pro Portion ca. 105 kcal/439 kJ
3 g E · 2 g F · 17 g KH

MANGO-JOGHURT-SHAKE Rühren Sie das in Stücke geschnittene Fruchtfleisch von ½ Mango, 1 Teelöffel Honig, 1 Teelöffel Limettensaft, 125 g Naturjoghurt und 1 ½ Tassen Eiswürfel im Mixer glatt. Servieren Sie den Shake frisch in gekühlten Gläsern. (Für 2 Portionen)

Zubereitungszeit: ca. 5 Minuten
Pro Portion ca. 102 kcal/422 kJ
2 g F · 3 g F · 15 g KH

LITSCHI-MINZE-SHAKE Rühren Sie 5 abgetropfte
Litschis (aus der Dose), 12 cl Litschi-Sirup, 15 große
Minzeblätter, 1 Esslöffel Limettensaft und 10 Eiswürfel
im Mixer glatt. Servieren Sie den Shake frisch in
gekühlten Gläsern. (Für 2 Portionen)

Zubereitungszeit: ca. 5 Minuten
Pro Portion ca. 88 kcal/370 kJ
0 g E · 0 g F · 20 g KH

KIWI-ZITRUS-COOLER Filetieren Sie 1 Limette,
1 Zitrone und 1 Orange und frieren Sie die Filets in
Eiswürfeltabletts ein. Rühren Sie 500 ml Orangensaft,
4 geschälte Kiwis, 60 ml Limettensaft und 2 Esslöffel
Zuckersirup* im Mixer glatt. Geben Sie mehrere Zitrus-
Eiswürfel in eine Saftkanne und gießen Sie den Saft
darüber. (Für 4 Portionen)

Zubereitungszeit: ca. 15 Minuten (plus Zeit zum Gefrieren)
Pro Portion ca. 176 kcal/737 kJ
2 g E · 1 g F · 33 g KH

Kümmel-Tortillas mit Paprika   Knusprige Halloumi-Taschen

Käse-Quesadillas mit Chili und Oliven

Kümmel-Tortillas mit Paprika

Für 12 Tortillas
Tortillas:
300 g Mehl
½ Tl Backpulver
2 Tl gemahlener Kreuzkümmel
100 ml Rapsöl
1 El Limettensaft
170 g Naturjoghurt
Füllung:
2 Paprika, geröstet, geschält, entkernt und in dünne Streifen geschnitten
10 Basilikumblätter, klein gezupft
1 El Balsamessig
350 g Thunfischfilet, in drei Streifen geschnitten

Mehl, Backpulver, Kümmel und Öl in einer großen Schüssel zu einem Teig verkneten. In einer kleinen Schüssel Limettensaft und Joghurt mit ½ Teelöffel Salz verrühren. Die Joghurtmischung in den Teig einarbeiten, zu einer Kugel formen und gründlich durchkneten. Den Teig in 12 Portionen teilen und jeweils zu einem ca. 18 cm großen Kreis ausrollen. Die ausgerollten Teigplatten mit Backpapier oder Frischhaltefolie getrennt aufeinander legen. Eine große Pfanne bei mittlerer Hitze erhitzen. Die Tortillas einzeln von beiden Seiten goldbraun backen und zum Warmhalten in ein Küchentuch einschlagen. In einer Schüssel Paprika, Basilikum und Essig mit 1 Teelöffel Salz vermischen. Die Fischfilets rundum anbraten, dünn aufschneiden und auf die Tortillas verteilen. Die Paprikamischung darüber geben, die Tortillas aufrollen und warm servieren.

Zubereitungszeit: ca. 1 Stunde · 35 Minuten
Pro Stück ca. 217 kcal/908 kJ
10 g E · 11 g F · 19 g KH

Knusprige Halloumi-Taschen

Für 10 ganze oder 20 halbe Taschen
5 Blätter Filoteig, in je zwei Quadrate geschnitten
150 g Halloumi*
2 mittelgroße reife Tomaten
80 g Butter, zerlassen
20 Blätter frische glatte Petersilie
10 große Minzeblätter

Den Filoteig mit einem feuchten Tuch abdecken. Den Halloumi in 10 Streifen schneiden. Die Tomaten in dünne Spalten schneiden. Die Teigquadrate mit etwas Butter bestreichen und über die Mitte zu Rechtecken falten. Die Oberseite dünn mit Butter bestreichen und je ein Stück Halloumi in die Mitte legen. Tomaten, Petersilie und Minze darauf verteilen und mit etwas frisch gemahlenem schwarzem Pfeffer bestreuen. Zwei Seiten der Teigplatten über den Käse falten und dann zu Taschen aufrollen. Eine große Pfanne einfetten und bei mittlerer Hitze erhitzen. Die Taschen von beiden Seiten goldbraun backen und warm servieren.

Zubereitungszeit: ca. 35 Minuten
Pro Stück ca. 71 kcal/298 kJ
2 g E · 5 g F · 4 g KH

Käse-Quesadillas mit Chili und Oliven

Für 24 oder 48 Stück
25 g entkernte schwarze Oliven, grob gehackt
1 große rote Chilischote, entkernt und fein gehackt
125 ml Olivenöl
320 g Mozzarella*, gerieben
150 g Schafskäse, gerieben
12 Tortillas (20 cm)
Blätter von 1 Bund frischem Koriander

Den Backofen auf 180 °C vorheizen. Oliven, Chillies und Öl im Mixer verrühren und auf die Seite stellen. In einer Schüssel Mozzarella und Schafskäse mischen. Eine Tortilla auf ein gefettetes oder mit Backpapier ausgelegtes Backblech legen und mit ein wenig Käsemischung und einigen Korianderblättern belegen. Eine zweite Tortilla darauf legen und mit der Ölmischung bestreichen. Mit den restlichen Zutaten ebenso verfahren. Die Quesadillas einzeln in den Ofen geben und etwa 7 Minuten backen, dann wenden und weitere 7 Minuten backen. Aus dem Ofen nehmen, jeweils in 4 oder 8 Stücke schneiden und sofort servieren.

Zubereitungszeit: ca. 1 Stunde · 50 Minuten
Pro Stück ca. 73 kcal/300 kJ
2 g E · 5 g F · 5 g KH

Rosen-Limonade

Für 8 Portionen
Blätter von 4 ungespritzten roten Rosen
220 g Zucker
1 El Rosenwasser*
2 l Mineralwasser (mit Kohlensäure)

Rosenblätter und Zucker mit 300 ml Wasser in einem Topf zum Kochen bringen. Die Temperatur reduzieren und ca. 8 Minuten zu einem leichten Sirup einkochen. Sich bildenden Schaum abschöpfen. Auf die Seite stellen, abkühlen lassen und Rosenwasser einrühren. Zum Servieren ein wenig Sirup in gekühlte Gläser geben und mit Mineralwasser auffüllen.

Zubereitungszeit: ca. 15 Minuten
(plus Kühlzeit)
Pro Portion ca. 111 kcal/467 kJ
0 g E · 0 g F · 27 g KH

Rosen-Limonade

MAROKKANISCHER MINZETEE Geben Sie
4 Minzezweige, 1 Zitronenspalte, 1 Sternanis,
½ Zimtstange und 1 Teelöffel feinsten Zucker in
ein Glas und füllen Sie es mit kochendem Wasser
auf. Rühren Sie gut um, bis sich der Zucker löst,
und trinken Sie den Tee heiß. (Für 1 Portion)

Zubereitungszeit: ca. 5 Minuten
Pro Portion ca. 33 kcal/140 kJ
0 g E · 0 g F · 8 g KH

ORANGENSAFT MIT ROSEN-EISWÜRFELN Bereiten
Sie den Rosensirup nach dem Rezept für die Rosen-
Limonade (S. 54) zu, geben Sie 250 ml Wasser hinzu
und frieren Sie den Saft zu Eiswürfeln ein. Geben Sie
die Eiswürfel in gekühlte Gläser und füllen Sie mit
frisch gepresstem Orangensaft auf. (Für 6 Portionen)

Zubereitungszeit: ca. 20 Minuten (plus Zeit zum Gefrieren)
Pro Portion ca. 260 kcal/1093 kJ
2 g E · 1 g F · 58 g KH

MANDEL-DRINK Kochen Sie 200 ml Wasser, 4 Esslöffel sehr fein geriebene Mandeln (Mandelmehl),
220 g Zucker und 4 Zimtstangen in einem Topf zu
Sirup ein. Lassen Sie die Mischung abkühlen,
rühren Sie 1 Teelöffel Rosenwasser und 2 Tropfen
Mandelaroma ein und füllen Sie den Sirup mit
kaltem Mineralwasser auf. (Für 10 Portionen)

Zubereitungszeit: ca. 20 Minuten (plus Zeit zum Abkühlen)
Pro Portion ca. 112 kcal/469 kJ
1 g E · 2 g F · 22 g KH

MANDARINEN-GRANATAPFEL-DRINK Verrühren
Sie 200 ml frisch gepressten Mandarinensaft mit
2 Esslöffeln Zuckersirup* und verteilen Sie den Saft
auf Gläser, die mit zerstoßenem Eis gefüllt sind.
Füllen Sie die Gläser mit dem Saft 1/2 Granatapfels
auf. (Für 2 Portionen)

Zubereitungszeit: ca. 5 Minuten
Pro Portion ca. 127 kcal/533 kJ
1 g E · 0 g F · 29 g KH

Papaya-Salat

Marinierter Schwertfisch

Caesar-Salat

Marinierter Lachs

Papaya-Salat

Für 20 Portionen
1 kleine grüne Papaya (ca. 250 g)
1 rote Chilischote, entkernt und fein gehackt
60 ml Limettensaft
2 El Fischsauce
3 El geriebener Palmzucker
2 Knoblauchzehen, zerdrückt
2 El Röstzwiebeln*
1 Bund grob gehackte frische Minzeblätter
20 Kopfsalatblätter, gewaschen und abgetropft

Das Fruchtfleisch der Papaya grob reiben und auf die Seite stellen. Chillies, Limettensaft, Fischsauce, Palmzucker und Knoblauch in einer kleinen Schüssel verrühren, bis der Palmzucker gelöst ist. Papaya, Röstzwiebeln und Minze mit dem Dressing vermischen, auf die Salatblätter verteilen und sofort servieren.

Zubereitungszeit: ca. 5 Minuten
Pro Portion ca. 25 kcal/103 kJ
0 g E · 1 g F · 4 g KH

Caesar-Salat

Für 24 Portionen
10 Scheiben Weißbrot ohne Kruste
1 Knoblauchzehe, zerdrückt
15 g Sardellen, in feine Streifen geschnitten
1 Eigelb
½ TI Worcestersauce
2 El Limettensaft
190 ml Pflanzenöl oder Olivenöl
50 g frisch geriebener Parmesan
Blätter von 3 Salatherzen, gewaschen und abgetropft

Den Backofen auf 150 °C vorheizen. Das Brot in kleine Würfel schneiden, auf ein Backblech geben und im Ofen goldbraun backen. Die Croûtons abkühlen lassen. Knoblauch, Sardellen, Eigelb, Worcestersauce und Limettensaft mit etwas frisch gemahlenem schwarzen Pfeffer in einer kleinen Schüssel verrühren. Das Öl unter kräftigem Schlagen mit dem Schneebesen einrühren und zu einer Mayonnaise verschlagen. Croûtons und Parmesan in die Mayonnaise einrühren. Die Mischung auf die Salatblätter verteilen und sofort servieren.

Zubereitungszeit: ca. 20 Minuten
(plus Zeit zum Abkühlen)
Pro Portion ca. 116 kcal/487 kJ
2 g E · 9 g F · 6 g KH

Marinierter Schwertfisch

Für 20 Portionen
50 ml Olivenöl
2 rote Zwiebeln, in dünne Streifen geschnitten
1–2 rote Chilischoten, entkernt und fein gehackt
2 Knoblauchzehen, fein gehackt
300 g reife Tomaten, klein gewürfelt
400 g Schwertfischfilet, klein gewürfelt
1 Bund frische Minzeblätter
Saft von 4 Zitronen
20 Blätter von Salatherzen, gewaschen und abgetropft

Das Olivenöl in einer Pfanne bei mittlerer Hitze erhitzen und die Zwiebeln unter gelegentlichem Rühren 5–7 Minuten glasig dünsten. Chillies, Knoblauch und Tomaten mit 1 Teelöffel Meersalz einrühren, kurz andünsten und zum Abkühlen auf die Seite stellen.
Die rohen Fischstücke in einer Lage auf dem Boden einer großen Keramik- oder Glasschale verteilen, die Zwiebelmischung darüber geben und mit Zitronensaft bedecken. Abdecken und 24 Stunden im Kühlschrank marinieren. Den Fisch auf die Salatblätter verteilen und mit etwas Meersalz und frisch gemahlenem schwarzem Pfeffer bestreut servieren.

Zubereitungszeit: ca. 20 Minuten
(plus Zeit zum Marinieren)
Pro Portion ca. 53 kcal/222 kJ
4 g E · 3 g F · 1 g KH

Marinierter Lachs

Für 30 Portionen
2 TI eingelegter Ingwer*, in feine Streifen geschnitten
2 El Lake von eingelegtem Ingwer*
1 El frisch geriebener Ingwer
1 TI helle Sojasauce
1 TI Fischsauce
2 El Limettensaft
100 g Lachsfilet ohne Haut und Gräten
1 El fein gehackte frische Minzeblätter
30 Blätter Chicorée, gewaschen und abgetropft
2 TI geröstete Sesamkörner

Ingwerlake, eingelegten Ingwer, frischen Ingwer, Sojasauce, Fischsauce und Limettensaft in einer kleinen Schüssel verrühren. Das Lachsfilet längs halbieren und in dünne Streifen schneiden. Den Lachs in die Ingwermarinade geben und 5–10 Minuten marinieren. Die Minzeblätter unterheben und die Mischung auf die Chicoréeblätter verteilen. Mit den Sesamkörnern bestreuen und sofort servieren.

Zubereitungszeit: ca. 15 Minuten
(plus Zeit zum Marinieren)
Pro Portion ca. 9 kcal/40 kJ
1 g E · 0 g F · 1 g KH

Schinken-Mozzarella-Röllchen

Lammkoteletts mit roter und grüner Sauce

Bocconcini und Tomaten in Weinblättern

Oktopus auf Toast

Schinken-Mozzarella-Röllchen

Für 20 Röllchen

2 Eiertomaten

20 Scheiben Parmaschinken

200 g Mozzarella*, in 20 Scheiben geschnitten

Die Tomaten in je 10 dünne Scheiben schneiden und die Scheiben halbieren. Die Schinkenscheiben auf der Arbeitsfläche auslegen und je ein Tomatenstück, eine Scheibe Mozzarella und ein zweites Tomatenstück auf den Schinken schichten. Mit frisch gemahlenem schwarzen Pfeffer würzen und zu kleinen festen Röllchen aufrollen. Eine leicht gefettete Pfanne bei mittlerer Hitze erhitzen und die Schinkenröllchen 2–3 Minuten rundum goldbraun anbraten.

Zubereitungszeit: ca. 20 Minuten
Pro Stück ca. 50 kcal/208 kJ
5 g E · 3 g F · 0 g KH

Lammkoteletts mit roter und grüner Sauce

Für je ca. 250 ml Sauce

Diese Saucen eignen sich hervorragend als Dip zu gegrillten Lammkoteletts und sind jeweils ausreichend für 10–12 Koteletts. Die Saucen werden bei Zimmertemperatur serviert.

Rote Sauce

500 g Eiertomaten, geviertelt

1 Tl Zucker

1 El Granatapfelsirup

10 Basilikumblätter

1 Knoblauchzehe

1 Tl gemahlener Kreuzkümmel

Den Backofen auf 180 °C vorheizen. Die Tomaten auf ein Backblech legen, mit Zucker und 1 Teelöffel Salz bestreuen und 40 Minuten im Ofen rösten, bis die Ränder knusprig sind und die Tomaten zu trocknen beginnen. Die Tomaten in einer Küchenmaschine oder dem Mixer mit den restlichen Zutaten glatt rühren und mit Salz und frisch gemahlenem schwarzem Pfeffer abschmecken.

Zubereitungszeit: ca. 50 Minuten
Pro Portion ca. 12 kcal/52 kJ
1 g E · 0 g F · 2 g KH

Grüne Sauce

20 g frische glatte Petersilienblätter

30 Minzeblätter

5 Sardellen

1 El Lime Pickle (indische eingelegte Limetten)

3 Tl Zitronensaft

125 ml Olivenöl

Die Zutaten in einer Küchenmaschine oder dem Mixer glatt rühren und frisch servieren.

Zubereitungszeit: ca. 5 Minuten
Pro Portion ca. 97 kcal/407 kJ
1 g E · 10 g F · 1 g KH

Bocconcini und Tomaten in Weinblättern

Für 24 Stück

24 Weinblätter*

200 g Eiertomaten, klein gewürfelt

200 g Bocconcini*, gewürfelt

24 große Minzeblätter

Olivenöl, zum Braten

Zitronenspalten zum Servieren

Die Weinblätter 1 Stunde in einer großen Schüssel mit kochendem Wasser wässern. Die Blätter herausnehmen und vorsichtig trockentupfen. Jedes Weinblatt nahe dem hinteren Rand mit Tomaten und Bocconcini belegen, mit etwas frisch gemahlenem schwarzem Pfeffer würzen und je ein Minzeblatt darauf geben. Die Seitenränder etwas über die Füllung falten und die Weinblätter zu festen Rollen einrollen. Ein wenig Öl in einer großen Pfanne erhitzen und die Weinblattröllchen etwa eine Minute von jeder Seite anbraten. Warm mit etwas Zitrone beträufelt servieren.

Zubereitungszeit: ca. 25 Minuten (plus Zeit zum Wässern)
Pro Stück ca. 32 kcal/136 kJ
2 g E · 2 g F · 1 g KH

Oktopus auf Toast

Für 32 Stücke

16 kleine Oktopusse, geputzt

2 El Rotweinessig

1 Tl getrockneter Oregano

250 ml Olivenöl

8 dicke Scheiben Weißbrot ohne Kruste

4 Knoblauchzehen

500 g Kartoffeln, gekocht und püriert

1 El Zitronensaft

1 ½ El fein gehackte frische glatte Petersilie

1 El entkernte, fein gehackte schwarze Oliven

2 Tl entkernte, fein gehackte rote Chilischoten

1 Tl fein abgeriebene Zitronenschale

Die Oktopusse in eine Keramik- oder Glasschüssel geben. In einer kleinen Schüssel Essig, Oregano und 60 ml Olivenöl verrühren und über die Oktopusse geben. Abdecken und 30 Minuten im Kühlschrank marinieren. Den Backofen auf 180 °C vorheizen. Die Brotscheiben jeweils in 4 Quadrate schneiden, auf ein Backblech legen und im Ofen goldbraun rösten. Aus dem Ofen nehmen und auf einem Küchenrost abkühlen lassen. Den Knoblauch im Mörser mit 1 Teelöffel Salz zu einer Paste zerstoßen und in einer Schüssel mit Kartoffelpüree und Zitronensaft verrühren. Unter ständigem Rühren das restliche Olivenöl hinzufügen, die Sauce mit dem Schneebesen aufschlagen und Petersilie, Oliven, Chillies und Zitronenschale unterziehen.
Eine schwere Pfanne bei starker Hitze erhitzen und die marinierten Oktopusse von beiden Seiten leicht anbraten. Je einen gehäuften Esslöffel des Pürees auf jedes Brotstück geben, mit Oktopus belegen und servieren.

Zubereitungszeit: ca. 35 Minuten (plus Zeit zum Marinieren)
Pro Stück ca. 118 kcal/493 kJ
6 g E · 7 g F · 8 g KH

Auberginenspiralen

Ententaschen

Mini-Brioches mit Knoblauch-Krabben

Auberginenspiralen

Für 20 Spiralen
2 rote Paprika, halbiert und entkernt
400 g Zucchini
50 große Basilikumblätter
1 El Balsamessig, 3 El Olivenöl
1 große Aubergine, längs in dünne Scheiben geschnitten

Die Paprika im Backofen grillen, bis die Schale schwärzt, dann herausnehmen und unter einem feuchten Tuch abkühlen lassen. Die Zucchini längs in dünne Streifen schneiden, blanchieren und abschrecken. Die Basilikumblätter ebenfalls blanchieren und abschrecken. Die Paprika schälen, die Hälften nochmals längs halbieren und in einer Schale mit dem Essig vermischen. Das Öl in einer großen Pfanne bei mittlerer Hitze erhitzen, die Auberginen gar braten und abtropfen lassen. Ein Stück Frischhaltefolie auslegen und mit sich überlappenden Auberginenscheiben belegen. Darauf eine Schicht Zucchini, eine Schicht Paprika und eine Schicht Basilikum geben und mit Hilfe der Folie zu einer festen Rolle aufrollen. Die restlichen Zutaten auf dieselbe Weise verarbeiten. Die Rollen bis zum Verzehr kühl stellen, aus der Folie nehmen, in 20 Scheiben schneiden und servieren.

Zubereitungszeit: ca. 1 Stunde (plus Zeit zum Abkühlen)
Pro Stück ca. 24 kcal/101 kJ
1 g E · 2 g F · 1 g KH

Ententaschen

Für 30 Taschen
20 g Butter, 4 fein gehackte Zwiebeln
1 Knoblauchzehe, zerdrückt
50 g Pancetta*, klein gewürfelt
1 Tl frische Thymianblätter, 125 ml Rotwein
240 g Entenbrustfilet, klein gewürfelt
2 El bittere Orangenmarmelade
35 g sehr fein geriebene Mandeln (Mandelmehl)
30 backfertige, runde Platten Mürbeteig* oder Blätterteig (8 cm)
1 Ei, verschlagen

Die Butter bei mittlerer Hitze in einer Pfanne zerlassen. Zwiebeln und Knoblauch 5–7 Minuten glasig dünsten. Pancetta und Thymian hinzufügen und weitere 5 Minuten dünsten, mit Rotwein ablöschen und die Entenbrust hinzufügen. Die Temperatur reduzieren, abdecken und 20 Minuten köcheln, bis alle Flüssigkeit aufgenommen ist. Marmelade und Mandeln hinzufügen und unter Rühren 2 Minuten eindicken. Vom Herd nehmen, mit Salz und Pfeffer abschmecken und abkühlen lassen.
Den Backofen auf 180 °C vorheizen. Die Teigplatten auslegen, die Teigränder mit Ei bestreichen und je einen gehäuften Teelöffel der Füllung in die Mitte jeder Teigplatte geben. Den Teig über die Füllung falten und die Ränder mit einer Gabel leicht andrücken. Die Taschen auf ein mit Backpapier ausgelegtes Backblech legen. Mit Eigelb bestreichen und 20 Minuten goldbraun backen.

Zubereitungszeit: ca. 1 Stunde · 15 Minuten (plus Zeit zum Abkühlen)
Pro Stück ca. 86 kcal/360 kJ
3 g E · 6 g F · 6 g KH

Mini-Brioches mit Knoblauch-Krabben

Für 36 Stück
1 Portion Briocheteig*
1 Eigelb
1 El Milch
80 g Butter
3 Knoblauchzehen, zerdrückt
400 g kleine Krabben, geschält und geputzt
3 El Zitronensaft
1 El fein gehackte frische glatte Petersilie

Den Briocheteig aus dem Kühlschrank nehmen und auf Zimmertemperatur erwärmen lassen. Den Teig zu 36 etwa walnussgroßen Teigkugeln formen und in 36 Mini-Muffins Papier-Backförmchen oder 2 gefettete Mini-Muffins-Backbleche (à 18 Mulden) geben. Mit Frischhaltefolie oder einem Tuch abdecken und an einem warmen Ort 3 Stunden auf doppelte Größe gehen lassen. Den Backofen auf 180 °C vorheizen. Das Eigelb mit der Milch verschlagen. Den aufgegangenen Teig mit der Eigelbmischung bestreichen, 20–30 Minuten im Ofen goldbraun backen und abkühlen lassen.
Die Butter in einer schweren Pfanne bei mittlerer Hitze zerlassen und den Knoblauch 2–3 Minuten andünsten. Die Krabben hinzufügen, mit ein wenig Meersalz und zerstoßenem schwarzem Pfeffer abschmecken und unter einmaligem Wenden 3 Minuten braten. Zitronensaft und Petersilie hinzufügen. Die Krabben aus der Pfanne nehmen und die Buttersauce in eine kleine Schüssel gießen. Mit einem scharfen Messer einen Deckel von den Mini-Brioches abschneiden und die unteren Hälften etwas aushöhlen. Die warmen Krabben in die Brioches füllen, etwas Buttersauce darüber geben und die Deckel darauf setzen.

Zubereitungszeit: ca. 1 Stunde (plus Zeit zum Gehen)
Pro Stück ca. 92 kcal/387 kJ
4 g E · 6 g F · 6 g KH

Rindsrouladen mit Rucola

Für 20 Rouladen
350 g Rinderfilet
1 El Olivenöl
20 große Rucolablätter
100 g Pesto*

Das Rinderfilet mit frisch gemahlenem schwarzem Pfeffer einreiben. Das Öl in einer Pfanne stark erhitzen und das Rinderfilet 4 Minuten von jeder Seite scharf anbraten. Aus der Pfanne nehmen, mit Salz würzen, mit Alufolie abdecken und abkühlen lassen. Das Filet in 20 dünne Scheiben schneiden.
Die Salatblätter auf der Arbeitsfläche ausbreiten und auf jedes Blatt eine Scheibe Filet und 1 Teelöffel Pesto geben. Zu lockeren Rouladen aufrollen und sofort servieren.

Zubereitungszeit: ca. 40 Minuten (plus Zeit zum Abkühlen)
Pro Stück ca. 59 kcal/249 kJ
4 g E · 4 g F · 1 g KH

Rindsrouladen mit Rucola

EISCREME-MINZE-SHAKE Rühren Sie 25 cl Vanilleeis, 4 Eiswürfel, 60 ml Crème de Menthe (oder einen anderen Minz-Likör) und 6 frische Minzeblätter im Mixer glatt. Füllen Sie den Shake in kleine Gläser und servieren Sie ihn frisch. (Für 2 Portionen)

Zubereitungszeit: ca. 5 Minuten
Pro Portion ca. 213 kcal/893 kJ
3 g E · 8 g F · 24 g KH

SANGRIA Mischen Sie 1 Flasche Rioja (oder einen anderen leichten Rotwein) in einem großen Krug mit 100 ml Zuckersirup*, 60 ml Cointreau, 60 ml Zitronensaft und je 1 in dünne Scheiben geschnittenen Orange und Limette. Geben Sie nach Wunsch Eiswürfel in die Sangria. (Für 8 Portionen)

Zubereitungszeit: ca. 10 Minuten
Pro Portion ca. 144 kcal/603 kJ
0 g E · 0 g F · 18 g KH

PIMM'S CLASSIC Mischen Sie 60 ml Pimm's Gin
in einem hohen Glas mit 150 ml Ginger Ale und
1 Teelöffel Limettensaft. Garnieren Sie den Drink
mit dünnen Orangenscheiben und dünnen
Gurkenstreifen. (Für 1 Portion)

Zubereitungszeit: ca. 5 Minuten
Pro Portion ca. 211 kcal/884 kJ
0 g E · 0 g F · 23 g KH

MELONEN-CHILI-COOLER Mischen Sie 500 ml
Wassermelonensaft in einem Krug mit 2 Esslöffeln
Chilisirup* und 2 Esslöffeln Limettensaft. Gießen
Sie den Drink in ein mit Eiswürfeln gefülltes Glas
und garnieren Sie ihn mit einem frischen Minzezweig.
(Für 2 Portionen)

Zubereitungszeit: ca. 5 Minuten
Pro Portion ca. 138 kcal/574 kJ
1 g E · 0 g F · 30 g KH

Kräuterfladen

Mais-Krabben-Pfannkuchen

Weißbrot mit Lachs

Kräuterfladen

Für 4 ganze Fladen oder 32 Stücke

125 ml Olivenöl

2 Knoblauchzehen, grob gehackt

250 g klein geschnittene Frühlingszwiebeln

1 Tl gemahlener Kreuzkümmel

1 ½ El frische glatte Petersilienblätter

1 El grob gehackter frischer Ingwer

½ rote Paprika, entkernt, geröstet und geschält

1 Tl entkernte, fein gehackte rote Chilischote

250 g Mehl

2 Tl Backpulver

2 El Erdnussöl zum Backen

Öl, Knoblauch, Frühlingszwiebeln, Kümmel, Petersilie, Ingwer, Paprika und Chillies mit 1 Teelöffel Meersalz im Mixer zu einer glatten Paste verarbeiten und beiseite stellen. Mehl und Backpulver in die Schüssel der Küchenmaschine sieben. Die Küchenmaschine auf niedrige Geschwindigkeit schalten und durch den Einfüllstutzen im Deckel je 60 ml heißes und kaltes Wasser zugießen. Zu einem geschmeidigen Teig verrühren, in eine Schüssel geben, abdecken und 15 Minuten ruhen lassen. Den Teig vierteln und die Viertel zu ca. 20–25 cm großen Teigplatten ausrollen. Die Platten mit je 2 Teelöffeln Gewürzpaste bestreichen und aufrollen. Die Rollen zu engen Spiralen eindrehen, die Enden unterschlagen und die Spiralen zu je etwa 20 cm großen, dünnen Fladen ausrollen. Pro Fladen 1 Teelöffel Öl in einer Pfanne erhitzen und den Fladen von beiden Seiten je 3–4 Minuten goldbraun backen. Die Fladen auf Küchenpapier abtropfen lassen. Als ganze Fladen oder in je 8 Stücke geschnitten warm servieren.

Zubereitungszeit: ca. 1 Stunde (plus Zeit zum Ruhen)
Pro Stück ca. 71 kcal/298 kJ
1 g E · 5 g F · 6 g KH

Mais-Krabben-Pfannkuchen

Für 40 Mini-Pfannkuchen

100 g rohes Krabbenfleisch, gewaschen

400 g Maiskörner

2 große Eier

3 El Maismehl

30 g getrocknete Krabben*

30 g gehackte frische Korianderblätter

2 Knoblauchzehen, fein gehackt

2 El grüne Pfefferkörner

1 El Zucker

1 El Worcestersauce

125 ml Erdnussöl zum Backen

Das Krabbenfleisch mit der Hälfte der Maiskörner im Mixer zu einer groben Paste verarbeiten und in einer Schüssel mit den übrigen Zutaten verrühren. Das Öl in einer Pfanne bei mittlerer Hitze erhitzen und nach und nach 40 Mini-Pfannkuchen von beiden Seiten goldbraun backen.

Zubereitungszeit: ca. 50 Minuten
Pro Stück ca. 49 kcal/204 kJ
2 g E · 4 g F · 2 g KH

Weißbrot mit Lachs

Für 20 Stücke

5 Scheiben Weißbrot, ca. 2 cm dick

20 Safranfäden, 2 Eigelb

2 Tl Limettensaft, 200 ml Pflanzenöl

200 g Lachsfilet

2 Tl Olivenöl zum Braten

20 Kerbelzweige zum Garnieren

Die Brotscheiben in je 4 Quadrate schneiden. Den Safran in einem kleinen Topf mit 60 ml Wasser aufkochen und köcheln lassen, bis nur noch etwa 1 Teelöffel Wasser übrig ist. Zum Abkühlen beiseite stellen. Eigelb und Limettensaft mit etwas Salz und Pfeffer im Mixer glatt rühren und das Öl unter Rühren zugießen. Zu einer glatten Mayonnaise verrühren, in eine Schüssel geben und Safranwasser und Fäden einrühren. Den Lachs mit Salz und Pfeffer würzen. Das Öl in einer Pfanne stark erhitzen und den Lachs von beiden Seiten scharf anbraten. Die Temperatur reduzieren und weitere 5 Minuten braten. Den Lachs abkühlen lassen und in 20 Stücke schneiden. Die Brotquadrate von beiden Seiten leicht anrösten. Auf jedes Quadrat etwas Mayonnaise und 1 Stück Lachs setzen und mit Kerbel garniert servieren.

Zubereitungszeit: ca. 45 Minuten (plus Zeit zum Abkühlen)
Pro Stück ca. 150 kcal/628 kJ
3 g E · 15 g F · 6 g KH

Chili-Maisbrot

Für 24 Stücke

125 g Polenta

125 g Mehl, 1 El Backpulver

1 El Zucker, 3 Eigelb, leicht verschlagen

190 ml Milch, 2 El Naturjoghurt

60 ml Olivenöl

150 g Maiskörner

½ rote Paprika, gewürfelt

1 kleine rote Chilischote, entkernt und fein gehackt

3 Tl fein gehackter frischer Majoran

5 Frühlingszwiebeln, in dünne Streifen geschnitten

125 g geriebener Mozzarella

Polenta, Mehl, Backpulver und Zucker in einer Schüssel mischen und eine Mulde in die Mitte drücken. Eier, Milch, Joghurt und Öl in die Mulde geben und zu einem glatten Teig verkneten. Mais, Paprika, Chillies, Majoran und Frühlingszwiebeln in den Teig einarbeiten und mit Salz und Pfeffer abschmecken. Den Backofen auf 180 °C vorheizen. Den Teig in eine 20 cm x 30 cm große, gefettete Backform geben und 35 Minuten backen, bis beim Einstechen mit einem Holzspieß kein Teig mehr am Spieß hängen bleibt. Leicht in der Form abkühlen lassen und dann auf ein Kuchengitter stürzen. Die Ränder glatt schneiden und das Brot in 4 cm große Quadrate schneiden.

Zubereitungszeit: ca. 50 Minuten
Pro Stück ca. 97 kcal/407 kJ
3 g E · 5 g F · 10 g KH

Chili-Maisbrot

Gegrillte Austern   Tomatenbutter mit Radieschen und Graubrot

Wachteleier mit Gewürzmischung   Austern mit Limetten-Dip

Gegrillte Austern

Für 24 Stück

40 g Pancetta*, fein gewürfelt

6 El Semmelbrösel

2 El fein gehackte frische glatte Petersilie

20 g Butter, zerlassen

½ Tl Tabasco

1 El Worcestersauce

24 Austern, ausgelöst

Zitronenspalten zum Garnieren

Pancetta, Semmelbrösel, Petersilie, Butter, Tabasco und Worcestersauce in einer kleinen Schüssel zu einer Panade vermischen. Die Austern jeweils mit etwas Butterpanade bestreichen und 2 Minuten unter dem vorgeheizten Backofengrill goldbraun überbacken. Warm mit Zitronenspalten garniert servieren.

Zubereitungszeit: ca. 15 Minuten
Pro Stück ca. 33 kcal/139 kJ
2 g E · 1 g F · 3 g KH

Tomatenbutter mit Radieschen und Graubrot

Für 6 Portionen

1 mittelgroße Tomate

100 g weiche Butter

2 Bund kleine Radieschen

6 Scheiben Graubrot zum Servieren

Die Tomate halbieren, entkernen und klein würfeln. Die Tomatenwürfel mit der Butter und etwas Meersalz verkneten und in eine kleine Schüssel geben. Mit Radieschen und frischem Graubrot servieren.

Zubereitungszeit: ca. 10 Minuten
Pro Portion ca. 215 kcal/898 kJ
2 g E · 14 g F · 19 g KH

Wachteleier mit Gewürzmischung

Für 24 Portionen

2 El leicht geröstete Sesamkörner

2 El frische Thymianblätter

1 El gemahlener Gewürz-Sumach*

½ Tl gemahlener, gerösteter Kreuzkümmel

1 Tl Meersalz

24 Wachteleier, gekocht und geschält

Die Sesamkörner in einer kleinen Schüssel mit den Gewürzen und dem Meersalz vermischen und in einer kleinen Schüssel zu den Wachteleiern servieren.

Zubereitungszeit: ca. 5 Minuten
Pro Portion ca. 28 kcal/117 kJ
2 g E · 2 g F · 0 g KH

Austern mit Limetten-Dip

Für 24 Stück

1 El Limettensaft

1 Tl schwarze Sesamkörner*

¼ Tl Sesamöl

1 El klein gewürfelte frische Gemüsegurke

24 Austern, ausgelöst

Limettensaft, Sesamkörner, Öl und Gurke in einer kleinen Schüssel zu einem Dip verrühren und zu den Austern servieren.

Zubereitungszeit: ca. 5 Minuten
Pro Stück ca. 15 kcal/63 kJ
2 g E · 0 g F · 1 g KH

Krabben-Toasts

Für 32 Stück

250 g rohes Krabbenfleisch

1 Knoblauchzehe, zerdrückt

2 El fein gehackte Schalotten

1 Tl geriebener frischer Ingwer

1 Tl Zucker

1 Tl Sesamöl

3 Tl Stärkemehl

2 Tl fein gehackter frischer Koriander

1 Tl fein abgeriebene Zitronenschale

8 Scheiben Weißbrot ohne Kruste

2 El Sesamkörner zum Bestreuen

Erdnussöl zum Braten

Krabbenfleisch, Knoblauch, Schalotten, Ingwer, Zucker, Sesamöl, Stärke, Koriander, Zitronenschale und 1 Teelöffel Salz im Mixer oder in der Küchenmaschine zu einer glatten Paste verrühren.
Die Brotscheiben in je vier Quadrate schneiden, mit der Krabbenpaste bestreichen und mit Sesamkörnern bestreuen. Das Erdnussöl etwa 1 cm hoch in eine Pfanne geben und die Brotquadrate mit der bestrichenen Seite nach unten bei mittlerer Hitze goldbraun braten. Wenden und erneut kurz braten. Die Krabben-Toasts heiß servieren.

Zubereitungszeit: ca. 20 Minuten
Pro Stück ca. 54 kcal/232 kJ
2 g E · 3 g F · 6 g KH

Krabben-Toasts

Nuss-Gewürzplätzchen

Knusprige Parmesanfladen   Kapern-Polenta-Muffins mit Räucherlachs

Nuss-Gewürzplätzchen

Für 55 Plätzchen

1 El geriebener frischer Ingwer

1 grüne Chilischote, entkernt und fein gehackt

200 g Cashewkerne

100 g Pistazien

200 g Reismehl

1 ½ Tl gemahlener Kreuzkümmel

2 El grob gehackte frische Korianderblätter

1 El schwarze Sesamkörner*

20 g Butter

2 Eier, verschlagen

150 ml Pflanzenöl

Ingwer, Chillies, Cashewkerne, Pistazien, Reismehl,
Kümmel, Koriander, Sesamkörner, Butter und 2 Teelöffel
Salz im Mixer verrühren, bis die Nüsse zerkleinert sind.
Eier und 3 Esslöffel Wasser hinzufügen und zu einem Teig
verrühren. Gut teelöffelgroße Portionen abstechen, zu
kleinen Kugeln rollen und leicht flach drücken. Das Öl in
einer tiefen Pfanne oder dem Wok erhitzen und die
Plätzchen in mehreren Portionen goldbraun ausbacken.
Auf Küchenpapier abtropfen lassen und servieren.

Zubereitungszeit: ca. 55 Minuten
Pro Stück ca. 57 kcal/240 kJ
1 g E · 4 g F · 4 g KH

Knusprige Parmesanfladen

Für 8 Fladen

20 g Butter

5 fein gehackte Zwiebeln

1 Tl fein gehackter frischer Rosmarin

60 g Mehl

2 El frisch geriebener Parmesan

Die Butter in einer Pfanne bei mittlerer Hitze zerlassen und
die Zwiebeln mit Rosmarin unter gelegentlichem Rühren
10 Minuten leicht anbraten. Auf die Seite stellen, mit
1 Teelöffel Salz und etwas frisch gemahlenem schwarzem
Pfeffer abschmecken und abkühlen lassen. Den Backofen
auf 150 °C vorheizen. Mehl und Parmesan in der Küchenmaschine fein krümelig verrühren. Die Butter nach und nach
hinzufügen und zu einem Teig verrühren.
Den Teig achteln, zu kleinen Kugeln rollen und einzeln
zwischen zwei Lagen mit Mehl bestäubtem Backpapier
sehr dünn ausrollen. Jeweils das obere Blatt Backpapier
abziehen, die Teigplatte auf dem Backpapier auf ein
Backblech legen und 10 Minuten im Ofen goldbraun
backen. Herausnehmen, wenden und weitere 5 Minuten
knusprig backen. Auf einem Kuchengitter abkühlen lassen
und in Stücke brechen. Die Parmesanfladen mit Caponata*
oder einem Dip nach Wunsch servieren.

Zubereitungszeit: ca. 1 Stunde · 10 Minuten
(plus Zeit zum Abkühlen)
Pro Stück ca. 71 kcal/298 kJ
3 g E · 3 g F · 8 g KH

Kapern-Polenta-Muffins mit Räucherlachs

Für 18 Muffins

185 g Mehl

85 g Polenta

2 Tl Backpulver

2 El Kapern, gewaschen und abgetropft

3 El grob gehackte frische glatte Petersilie

½ Tl fein gehackter frischer Estragon

1 Ei

250 ml Milch

2 El Olivenöl

4 El saure Sahne zum Belegen

180 g Räucherlachs zum Belegen

Tobikko Wasabi* oder frischer Dill zum Garnieren

Den Backofen auf 180 °C vorheizen. Mehl, Polenta,
Backpulver, Kapern, Petersilie und Estragon in einer
Schüssel mischen und mit etwas frisch gemahlenem
schwarzen Pfeffer abschmecken. In einer kleinen Schüssel
Ei, Milch und Öl verschlagen, zu den Trockenzutaten geben
und zu einem Teig verrühren. Den Teig in ein gefettetes
Muffinsblech mit 18 Mulden oder 18 Papier-Backförmchen
füllen und 20 Minuten goldbraun backen. Abkühlen lassen
und von jedem Muffin einen Deckel abschneiden. Die
unteren Hälften mit etwas Rächerlachs und etwas saurer
Sahne belegen und mit Tobikko Wasabi oder Dill garniert
servieren.

Zubereitungszeit: ca. 45 Minuten (plus Zeit zum Abkühlen)
Pro Stück ca. 98 kcal/410 kJ
4 g E · 3 g F · 12 g KH

Salbei-Polenta-Madeleines

Für 24 Madeleines

150 g weiche Butter

2 Tl Zucker

2 Eigelb, verschlagen

2 Volleier, verschlagen

45 g Mehl

45 g feine Polenta

1 ¼ Tl Backpulver

24 kleine Salbeiblätter

Den Backofen auf 180 °C vorheizen. 30 g Butter in einem
kleinen Topf bei starker Hitze zerlassen, leicht bräunen und
beiseite stellen. Die restliche Butter mit dem Zucker in einer
Schüssel schaumig schlagen. Nach und nach Eigelb und
Eier vorsichtig einrühren. Die Trockenzutaten und je
1 ¼ Teelöffel Salz und grob gemahlenen schwarzen Pfeffer
mit der Butter zu einem glatten Teig verrühren.
Ein Madeleine-Backblech oder ein Muffinsblech mit der
gebräunten Butter einfetten und in jede Mulde 1 Salbeiblatt
legen. Den Teig darauf verteilen und 7–10 Minuten im Ofen
goldgelb backen. Auf einem Kuchengitter abkühlen lassen.

Zubereitungszeit: ca. 30 Minuten
(plus Zeit zum Abkühlen)
Pro Stück ca. 76 kcal/319 kJ
1 g E · 6 g F · 4 g KH

Salbei-Polenta-Madeleines

Nach-
mittags-
tee

Basics

Der Nachmittagstee

Der gemütliche Nachmittagstee und der Kaffeeklatsch in netter Runde sind Inseln der entspannten Geselligkeit, die heute fast ausgestorben scheinen. Aber warum sollten Sie sich nicht ab und zu kleine süße Köstlichkeiten gönnen, die Auge und Gaumen gleichermaßen verzaubern? Holen Sie Ihr Tee- oder Kaffeeservice aus dem Schrank und laden Sie ein zu Tee oder Kaffee.

Fernöstliches

Der Nachmittagstee muss aber nicht unbedingt westlichen Traditionen folgen. Laden Sie Ihre Gäste doch zu einer ausgefallenen asiatischen Tee-stunde mit Minz-, Kräuter- und grünem Tee. Servieren Sie im Sommer geeiste Fruchtsäfte und Blütenblätter-Limo-naden und dazu asiatische Gewürz-plätzchen, gemischte Nüsse und asiatische Desserts. Im Winter bieten sich mit Kardamom gewürzter Kaffee und arabisches Sirup-Gebäck an.

Aromatisierter Zucker

Leichte schwarze Tees, Kräutertees und arabische Tees können durch gewürzten Zucker raffiniert verfeinert werden. Füllen Sie Zucker in mehrere kleine Gläser und geben Sie in jedes Glas eine Zutat nach Wahl wie beispielsweise Zitronenschale, Orangenschale, Rosenblätter oder eine Vanilleschote und lassen Sie den Zucker einen bis zwei Tage ziehen.

Die Tee-Ausstattung

Für den stilvollen Nachmittagstee brauchen Sie eine schöne Teekanne, ein Teesieb, ein Milchkännchen, eine Zuckerschale, kleine Teller, kleine Servietten, Tee-löffel und Teetassen. Besonders gut schmeckt der Tee aus feinen Porzellantassen. Aber deswegen brauchen Sie nicht gleich ein teures Tee-Service zu kaufen. Der Tisch wirkt besonders lebhaft, wenn Sie nach und nach einzelne Tässchen auf Flohmärkten erstehen. Je bunter die Zusammenstellung, desto besser.

Süße Bissen

Backen Sie Mini-Versionen beliebter Kuchen, überziehen Sie sie mit farbigen Glasuren und dekorieren Sie sie mit gezuckerten Früchten oder kandierten Blütenblättern.

Schnell serviert

Wenn überraschend Gäste vor der Tür stehen oder Sie wenig Zeit haben, können Sie Blätterteig in dünne Streifen schneiden und im vorgeheizten Backofen goldbraun backen. Bestreuen Sie die Streifen mit Puderzucker und servieren Sie dazu frische Beeren und Vanille-Sahne.

Die Tee-Ausstattung

Aromatisierter Zucker

Süße Bissen

Schnell serviert

Fernöstliches

Hühnchen-Sandwich mit Kräutern   Sagocreme

Gurkensandwich

Kokos-Törtchen

Hühnchen-Sandwich mit Kräutern

Für 24 Dreiecke
300 g Hühnerschenkel ohne Haut und Knochen
10 g grob gehackte frische glatte Petersilie
2 Tl Olivenöl
1 Tl frische Thymianblätter
2 Tl fein gehackter frischer Schnittlauch
2 Tl fein gehackte frische Minze
50 g weiche Butter
12 dünne Scheiben Toastbrot, Kruste abgeschnitten

Den Backofen auf 180 °C vorheizen. Hühnchen und Petersilie in einen kleinen Bräter geben, mit Öl übergießen, mit Thymian und 1 Teelöffel Salz bestreuen und abgedeckt 30 Minuten backen. Abkühlen lassen und in dünne Streifen schneiden. Schnittlauch und Minze mit der Butter verkneten und die Brotscheiben dünn damit bestreichen. Das Hühnchenfleisch auf 6 Brotscheiben verteilen, mit Salz und frisch gemahlenem schwarzem Pfeffer würzen und mit den restlichen Brotscheiben belegen. Die Sandwiches jeweils diagonal durchschneiden und frisch servieren.

Zubereitungszeit: ca. 40 Minuten (plus Zeit zum Abkühlen)
Pro Stück ca. 56 kcal/235 kJ
4 g E · 2 g F · 5 g KH

Sagocreme

Für 10 kleine Portionen
500 ml Milch
30 g Sagomehl
55 g feinster Zucker
1 Blatt Gelatine
50 g geröstete gehackte Haselnüsse
¼ Tl geriebene Muskatnuss
2 El bittere Orangenmarmelade
150 ml Sahne, geschlagen
Frische Beeren oder Obstkompott zum Servieren

Die Milch mit Sago und Zucker in einem kleinen Topf aufkochen, die Temperatur reduzieren und 20 Minuten köcheln. Auf die Seite stellen und leicht abkühlen lassen. Die Blattgelatine in Wasser einweichen, leicht ausdrücken und in den Sago einrühren. Den Sago vollständig auskühlen lassen. Haselnüsse, Muskat und Marmelade in den Sago einrühren und die Sahne unterziehen. Die Creme in kleine Gläser füllen und kalt stellen. Mit frischen Beeren oder Obstkompott garniert servieren.

Zubereitungszeit: ca. 30 Minuten (plus Zeit zum Abkühlen)
154 kcal/645 kJ
3 g E · 9 g F · 15 g KH

Gurkensandwich

Für 18 kleine Stücke
2 El fein gehackter frischer Dill
50 g weiche Butter
12 dünne Scheiben Toastbrot, Kruste abgeschnitten
2 Salatgurken, in dünne Scheiben geschnitten

Den Dill in die Butter einrühren und die Brotscheiben dünn damit bestreichen. Die Gurkenscheiben auf 6 der Brotscheiben verteilen, mit frisch gemahlenem schwarzem Pfeffer würzen und mit den restlichen Brotscheiben abdecken. Die Sandwiches in je drei Streifen schneiden.

Zubereitungszeit: ca. 10 Minuten
Pro Portion ca. 60 kcal/251 kJ
1 g E · 3 g F · 7 g KH

Kokos-Törtchen

Für 24 Stück
45 g Kokosflocken
125 ml Karamellzuckersirup oder Zuckersirup*
¼ Tl gemahlener Kardamom
1 El Limettensaft
2 Tl fein abgeriebene Limettenschale
1 Eigelb, verschlagen
24 vorgebackene Torteletts*
Puderzucker zum Bestäuben

Den Backofen auf 180 °C vorheizen. Alle Zutaten bis auf die Torteletts und den Puderzucker in einer Schüssel mischen. Je einen Teelöffel Füllung in die Torteletts füllen, auf ein mit Backpapier ausgelegtes Backblech geben und 10 Minuten backen. Mit Puderzucker bestäubt servieren.

Zubereitungszeit: ca. 20 Minuten (plus Zeit zum Abkühlen)
Pro Stück ca. 79 kcal/330 kJ
1 g E · 4 g F · 10 g KH

Limetten-Madeleines

Für 36 Madeleines
2 Eier
55 g feinster Zucker
½ Tl fein abgeriebene Limettenschale
65 g Mehl
50 g Butter, zerlassen
1 Tl Limettensaft
½ Tl Orangenblütenwasser*
Puderzucker zum Bestäuben

Eier, Zucker, Limettenschale und 1 Prise Salz in einer Schüssel schaumig schlagen und das Mehl vorsichtig unterziehen. Dann Butter, Limettensaft und Orangenblütenwasser vorsichtig unterziehen.
Den Backofen auf 200 °C vorheizen. Den Teig auf ein eingefettetes Madeleine-Backblech (oder ein Muffinsblech) verteilen. 5 Minuten goldgelb backen, auf ein Kuchengitter stürzen, mit zusätzlichem Zucker bestäuben und abkühlen lassen.

Zubereitungszeit: ca. 25 Minuten (plus Zeit zum Abkühlen)
Pro Stück ca. 30 kcal/126 kJ
1 g E · 2 g F · 3 g KH

Limetten-Madeleines

Zimt-Liebesgrübchen

Cremige Passionsfrucht-Kugeln

Shortbread

Zimt-Liebesgrübchen

Für 36 Stück
90 g mit Backpulver versetztes Mehl
1 Tl Zimtpulver
30 g Reismehl
75 g weiche Butter
80 g Zucker
1 Ei
100 g Beerengelee

Den Backofen auf 180 °C vorheizen. Mehl, Zimt und Reismehl in eine Schüssel sieben. In einer zweiten Schüssel Butter und Zucker schaumig rühren und nach und nach das Ei vorsichtig einrühren. Die Buttermasse zur Mehlmischung geben und zu einem glatten Teig verkneten. Den Teig mit einem Teelöffel abstechen, zu kleinen Kugeln rollen und auf ein mit Backpapier ausgelegtes Backblech setzen. Mit der Fingerspitze kleine Mulden in die Teigkugeln drücken und mit Beerengelee füllen. 8–10 Minuten goldbraun backen und auf einem Kuchengitter abkühlen lassen.

Zubereitungszeit: ca. 40 Minuten (plus Zeit zum Abkühlen)
Pro Stück ca. 46 kcal/192 kJ
1 g E · 2 g F · 6 g KH

Passionsfrucht-Cremekugeln

Für 36 Stück
125 g Butter, gekühlt und gewürfelt
30 g Puderzucker
90 g Mehl
30 g Stärkemehl
1 El Fruchtfleisch einer Passionsfrucht
Limetten-Buttercreme
60 g weiche Butter
125 g Puderzucker
1 Tl fein abgeriebene Limettenschale
2 Tl Limettensaft
Puderzucker zum Bestäuben

Den Backofen auf 160 °C vorheizen. Butterwürfel, Puderzucker, Mehl und Stärkemehl in einer Küchenmaschine zu einem Teig verarbeiten und das Fruchtfleisch einkneten. Mit einem Teelöffel kleine Kugeln abstechen und auf ein mit Backpapier ausgelegte Backblech setzen. 15–20 Minuten goldbraun backen und auf einem Kuchengitter abkühlen lassen.
Für die Füllung Butter, Puderzucker und Limettenschale in einer Schüssel schaumig schlagen und den Limettensaft unterziehen.
Jeweils 2 Plätzchen mit etwas Buttercreme zu einer Kugel zusammenfügen und mit Puderzucker bestäuben.

Zubereitungszeit: ca. 45 Minuten (plus Zeit zum Abkühlen)
Pro Stück ca. 70 kcal/292 kJ
0 g E · 4 g F · 7 g KH

Shortbread

Für 60 Stück
185 g Mehl
80 g Reismehl
200 g weiche Butter
70 g feinster Zucker
2 Tl fein abgeriebene Zitronenschale
Zusätzlich 2 El Zucker zum Bestäuben

Den Backofen auf 190 °C vorheizen. Das Mehl mit einer Prise Salz in eine Schüssel sieben. In einer zweiten Schüssel Butter und Zucker schaumig schlagen und mit Mehl zu einem glatten Teig verarbeiten. Den Teig zu einer 20 x 30 cm großen Teigplatte ausrollen und auf ein gefettetes Backblech geben. Die Teigplatte mit einer Gabel mehrfach einstechen und mit einem scharfen Messer 3 cm große Quadrate auf dem Teig anzeichnen. 5 Minuten backen, die Temperatur auf 160 °C reduzieren und weitere 15–20 Minuten zart goldgelb backen. Mit Zitronenschale bestreuen und weitere 5 Minuten in den Ofen geben. Noch warm mit Zucker bestäuben, in Quadrate schneiden und auf einem Kuchengitter abkühlen lassen.

Zubereitungszeit: ca. 50 Minuten (plus Zeit zum Abkühlen)
Pro Stück ca. 47 kcal/197 kJ
0 g E · 3 g F · 5 g KH

Schokoladen-Cremekugeln

Für 40 Stück
155 g Mehl
2 El Kakaopulver
1 Tl Backpulver
100 g Butter
180 g Zartbitterschokolade
110 g feinster Zucker
2 Eier
Schokosahne
100 g Schokolade
2 El Sahne
Kakaopulver zum Bestäuben

Mehl, Kakaopulver, Backpulver und 3/4 Teelöffel Salz in eine Schüssel sieben. Butter und Schokolade in einer Schüssel im heißen Wasserbad unter ständigem Rühren schmelzen. Aus dem Wasserbad nehmen und Zucker einrühren, bis er gelöst ist. Nach und nach die Eier einrühren und mit der Mehlmischung zu einem glatten Teig verkneten.
Für die Schokosahne Schokolade und Sahne in eine Schüssel geben und im heißen Wasserbad auflösen und verrühren. Aus dem Wasserbad nehmen und abkühlen lassen. Den Backofen auf 180 °C vorheizen. Mit einem Teelöffel kleine Teigkugeln abstechen und auf ein mit Backpapier ausgelegtes Backblech setzen. 5–7 Minuten knusprig backen, leicht auf dem Backblech abkühlen lassen, auf ein Kuchengitter geben und auskühlen lassen. Je zwei Plätzchen mit der Schokosahne zu einer Kugel zusammenfügen und mit Kakaopulver bestäuben.

Zubereitungszeit: ca. 1 Stunde (plus Zeit zum Abkühlen)
Pro Stück ca. 85 kcal/358 kJ
1 g E · 5 g F · 85 g KH

Schokoladen-Cremekugeln

Cocktail-stunde

4

Basics

Entspannung pur

Cocktails und Shakes sind immer wieder kleine Geschmackswunder und schmecken am besten gut gekühlt. Laden Sie Freunde ein und präsentieren Sie ihnen Ihre neuesten Kreationen oder die beliebten Klassiker. Ob Sie zur Cocktailstunde, einem erholsamen Nachmittag oder einem Treffen am späten Abend laden – mit Cocktails wird es Entspannung pur.

Geschüttelt oder gerührt

Cocktail-Shaker sind zwar nicht unbedingt erforderlich, aber sehr praktisch. Im Shaker werden die Zutaten nicht nur vermischt, sondern auch gekühlt. Wenn Sie keinen Shaker haben, füllen Sie eine kleine Kanne mit Eis, geben Sie die Cocktailzutaten hinein und rühren Sie, bis sich auf der Außenseite der Kanne eine dünne Eisschicht bildet. Den Cocktail durch ein Sieb abgießen und servieren.

Grundausstattung

Wenn Sie Cocktails mischen wollen, benötigen Sie als Grundausstattung auf jeden Fall Mineralwasser, Tonic Water, Ginger Ale, Zuckersirup*, Bitter Lemon und frische Limetten. Wenn Sie keine Zeit haben, Zuckersirup vorzubereiten, können Sie für die meisten Cocktails auch sehr feinen Zucker verwenden.

Nützliche Helfer

Cocktails und die perfekte Kombination von Geschmacksnoten sind eine Wissenschaft für sich. Wenn Sie aber ein Faible für Cocktails haben, sollten Sie in ein paar nützliche Helfer wie einen Messbecher investieren. Lange Barlöffel sind ideal zum Umrühren von Cocktails oder zum Schichten mehrerer Spirituosen. Holzstößel werden hauptsächlich zum Zerstoßen von Eis oder Limetten und Zitronen verwendet. Anstelle eines Holzstößels können Sie aber auch einen Holzlöffel verwenden.

Gut gekühlt

Eiswürfel sind unverzichtbar, wenn Sie Cocktails servieren möchten. Bereiten Sie ausreichend Eiswürfel vor und stellen Sie sie in einem Kübel oder einer Schale mit Eiszange oder Eisschaufel bereit. Verwenden Sie für Cocktails immer Eiswürfel, die schon einige Minuten bei Zimmertemperatur stehen. So lassen sich die Cocktails leichter mischen.

Spezialwerkzeuge

Für die meisten Cocktails müssen Früchte vorbereitet, ausgepresst oder zum Garnieren auf bestimmte Weise geschnitten werden. Daher ist es gut, ein Schneidebrett nur für die Zubereitung von Obst zu reservieren. Grundsätzlich benötigt man ein scharfes Obstmesser, um Garnituren zu schneiden. Ein Zestenreißer erleichtert das Schneiden perfekter Zesten (Schale von Zitrusfrüchten).

Spezialwerkzeuge

Nützliche Helfer

Geschüttelt oder gerührt

Gut gekühlt

Grundausstattung

Party basics

Partyplanung

Wenn Sie eine stilvolle Cocktailparty geben möchten, sollten Sie vorher entscheiden, welche Cocktails Sie reichen wollen. Für eine kleine Auswahl an Cocktails können Sie schon viele Vorbereitungen im Voraus treffen. Bereiten Sie die Fruchtdekoration vor und pressen Sie Zitronen- und Limettensaft. Stellen Sie Gläser bereit und überprüfen Sie, ob Sie genügend Gläser für die Getränkeauswahl haben. Schließlich wollen die meisten Gäste wahrscheinlich jeden Cocktail einmal probieren. Darüber hinaus benötigen Sie natürlich ausreichend Cocktail-Servietten und reichlich Essen, um Ihre Gäste mit einer guten Grundlage für die hochprozentigen Leckereien zu versorgen.

Sammlerstücke

Flohmärkte sind eine wahre Fundgrube, wenn es um die Vorbereitung einer Party geht. Mit etwas Glück finden Sie ausgefallene Gläser, gläserne Cocktailstäbchen und andere typische Cocktailutensilien aus den 1960er-Jahren. Wenn Sie dazu noch ein paar alte LPs mit Hits der 50er und 60er-Jahre erstehen, kann die Party steigen.

Licht

Angenehmes Licht macht einen großen Teil der Atmosphäre aus. Es gibt unzählige Möglichkeiten, eine Party ins rechte Licht zu setzen, wie beispielsweise mit Lichterketten, Lampions, Teelichtern, selbst gebastelten Laternen, Kerzenständern, Windlichtern oder Lavalampen. Die wichtigste Regel ist allerdings: nur wenig elektrische Beleuchtung und viel Kerzenlicht.

Frucht-Cocktails

Die Zeiten haben sich geändert und mit ihnen auch die Trinkgewohnheiten. Daher sollten Sie auch ein paar nichtalkoholische Cocktails bereithalten. Mit dem riesigen Angebot an frischem Obst in unseren Supermärkten ist es ein Kinderspiel, leckere Frucht-Cocktails zu mischen.

Musik

Die richtige Musik ist eine der wichtigsten Zutaten für eine gelungene Party. Musik bringt Ihre Gäste in Stimmung und wenn die Auswahl stimmt, kann eigentlich nichts mehr schief gehen. Allerdings ist das, was man alltäglich hört, nicht unbedingt die beste Partymusik. Am besten sehen Sie Ihren CD-Schrank einmal durch und suchen die Musik aus, die Ihrer Party Stimmung verleihen soll.

Sammlerstücke

Partyplanung

Licht

Frucht-Cocktails

Musik

Gute Ideen

Glasränder

Salz- oder Zuckerränder sind einfach
herzustellen. Reiben Sie die Glasränder
mit Zitrone oder Limette ein und drehen
Sie sie in einer Schale mit Zucker oder
Salz. Überschüssiges Salz oder Zucker
wird einfach abgeschüttelt.

Fruchtige Eiswürfel

Stellen Sie Eiswürfel aus frischem Fruchtsaft oder
mit einer dünnen Fruchtscheibe her. So erhalten Sie
hübsche Dekorationen für Ihre Cocktails oder eine
schöne Basis für verschiedene Fruchtgetränke.

Fruchtgarnitur

Für manche Leute ist ein Cocktail erst ein
richtiger Cocktail, wenn er mit einem
Stück Obst garniert ist. Sie können Ihre
Gäste aber auch überraschen, indem Sie
ausgefallene Zitrusfrüchte und statt der
traditionellen Olive eine Kaper in den
Martini geben.

Likörfrüchte

Marinieren Sie Beeren, kleine geschälte Birnen oder Steinobst mehrere Stunden in einem Likör Ihrer Wahl. Sie können sie als Garnitur oder als kleine Erfrischung reichen.

Süßer Sirup

Praktisch jeder Sirup und jede Spirituose kann mit Früchten oder Gewürzen verfeinert werden. Obst oder Gewürze nach Wahl werden mit klarem Schnaps oder Sirup in eine Flasche gegeben und sollten mindestens 1 Monat ziehen.

Deko-Ideen

Von stilvoll bis kitschig ist bei der Dekoration alles erlaubt. Traditionell wird mit kleinen Papierschirmen dekoriert, Sie können aber auch ausgefallene Cocktailstäbchen oder kleine Figuren verwenden.

Zitrusspiralen

Cocktails mit Zitrussäften können Sie mit ausgefallenen Zitrusspiralen besonders schön dekorieren. Dazu werden kandierte Zitruszesten* um lange Holzspieße gewickelt, in Zucker gewälzt und über Nacht getrocknet.

MARGARITA Füllen Sie den Shaker mit Eiswürfeln und geben Sie 60 ml Tequila, 30 ml Triple Sec und 1 El Limettensaft hinzu. Kräftig schütteln und durch ein Sieb in ein Glas mit Salzrand abgießen.
(Für 1 Portion)

Zubereitungszeit: ca. 5 Minuten
Pro Portion ca. 216 kcal/902 kJ
0 g E · 0 g F · 10 g KH

FRUCHT-DAIQUIRI Mischen Sie 30 ml Limettensaft, 2 Tl Zucker, 2 Tl Triple Sec oder Cointreau, 125 ml weißen Rum, ½ gewürfelte Mango, ¼ gewürfelte Honigmelone und 6 Eiswürfel in einem Mixer und servieren Sie den Drink in einem geeisten Glas.
(Für 2 Portionen)

Zubereitungszeit: ca. 5 Minuten
Pro Portion ca. 270 kcal/1130 kJ
1 g E · 1 g F · 25 g KH

KLASSISCHER DAIQUIRI Füllen Sie den Shaker
mit Eiswürfeln und geben Sie 60 ml Rum, 1 El
Limettensaft, 1 Tl Triple Sec und 1 Tl feinsten
Zucker hinzu. Kräftig schütteln und durch ein
Sieb in ein geeistes Glas abgießen. (Für 1 Portion)

Zubereitungszeit: ca. 5 Minuten
Pro Portion ca. 192 kcal/805 kJ
0 g E · 0 g F · 10 g KH

COSMOPOLITAN Füllen Sie den Shaker mit
Eiswürfeln und geben Sie 60 ml Wodka,
30 ml Cointreau, 1 Tl Limettensaft und 30 ml
Cranberrysaft hinzu. Kräftig schütteln und
durch ein Sieb in ein geeistes Glas
abgießen. (Für 1 Portion)

Zubereitungszeit: ca. 5 Minuten
Pro Portion ca. 250 kcal/1050 kJ
0 g E · 0 g F · 11 g KH

Gewürzte Nüsse

Für 350 g Nussmischung
1 Tl Kreuzkümmelkörner
1 Tl Korianderkörner
1 Tl Senfkörner
¼ Tl Fenchelsamen
½ Zimtstange
½ Tl schwarze Pfefferkörner
1 Tl gemahlenes Kurkuma
2 El brauner Zucker
350 g gemischte Nüsse, z. B. Pekannüsse, Cashewkerne,
Erdnüsse und Macadamianüsse
2 Tl Olivenöl

Den Backofen auf 160 °C vorheizen. Die Gewürze im
Mörser oder der Gewürzmühle zu feinem Pulver zermahlen
und in einer Schüssel mit braunem Zucker, 2 Teelöffeln
Meersalz und den Nüssen mischen. Das Olivenöl
unterheben und die Nüsse auf ein mit Backpapier
ausgelegtes Backblech geben. Unter mehrfachem
Wenden 10–15 Minuten leicht rösten. Abkühlen lassen
und bis zum Servieren in einem luftdicht verschließbaren
Behälter aufbewahren.

Zubereitungszeit: ca. 25 Minuten
(plus Zeit zum Abkühlen)
Pro Portion ca. 160 g kcal/669 kJ
3 g E · 14 g F · 5 g KH

Herzhafte Kartoffelchips

Für 30 Chips
1 Tl Sesamkörner
½ Tl gemahlener Kreuzkümmel
½ Tl gemahlener Koriander
½ Tl Paprikapulver
2 große Kartoffeln, geschält
20 g Butter, zerlassen

Den Backofen auf 170 °C vorheizen. Die Gewürze in
einer kleinen Schüssel mischen. Die Kartoffeln in sehr
dünne Scheiben schneiden. Zunächst eine Lage großer
Kartoffelscheiben auf ein mit Backpapier ausgelegtes
Backblech legen und eine zweite Lage kleinerer
Kartoffelscheiben darauf legen und leicht andrücken
(durch die Kartoffelstärke kleben die Scheiben aneinander.)
Mit Butter bestreichen und mit der Gewürzmischung
bestreuen. 45 Minuten knusprig backen und ofenfrisch
servieren.

Zubereitungszeit: ca. 1 Stunde
Pro Stück ca. 13 kcal/56 kJ
0 g E · 1 g F · 2 g KH

Frittierte Oliven

Für 20 Stück
5 g fein gehackte frische glatte Petersilie
80 g zerkrümelter Schafskäse
20 große grüne Oliven, entkernt
30 g Mehl
1 Ei, verschlagen
6 El feine Semmelbrösel
100 ml Pflanzenöl

Petersilie und Schafskäse in einer Schüssel verkneten und
die Oliven damit füllen. Das Mehl in eine flache Schale
geben und Ei und Semmelbrösel jeweils in eine kleine
Schüssel geben. Das Öl in einer tiefen Pfanne bei mittlerer
Hitze erhitzen. Die Oliven in kleinen Portionen erst im Mehl,
dann im Ei und dann in den Semmelbröseln wälzen und
1 Minute goldbraun frittieren. Aus der Pfanne heben und
auf Küchenpapier abtropfen lassen.

Zubereitungszeit: ca. 20 Minuten
Pro Stück ca. 54 kcal/226 kJ
1 g E · 4 g F · 3 g KH

Parmesan-Plätzchen

Für 65–70 Plätzchen
125 g gekühlte Butterwürfel
100 g frisch geriebener Cheddar
50 g frisch geriebener Parmesan
150 g Mehl
1 Tl Paprikapulver

Die Zutaten mit ¼ Teelöffel Salz in der Küchenmaschine
zu einem Teig verkneten. Den Teig herausnehmen, zu einer
Kugel formen und halbieren. Die Teighälften zu je einer
langen Rolle formen (ca. 23 x 3 cm), in Frischhaltefolie
einschlagen und 1 Stunde kalt stellen oder bis zur
Verwendung einfrieren.
Den Backofen auf 180 °C vorheizen. Die Teigrollen in 5 mm
dicke Plätzchen schneiden und auf ein mit Backpapier
ausgelegtes Backblech legen. 12–15 Minuten hell goldgelb
backen und auf einem Kuchengitter abkühlen lassen. Bis
zum Servieren in einem luftdicht verschließbaren Behälter
aufbewahren.

Zubereitungszeit: ca. 35 Minuten
(plus Zeit zum Abkühlen)
Pro Stück ca. 29 kcal/123 kJ
1 g E · 2 g F · 1 g KH

Gewürzte Nüsse

Frittierte Oliven

Herzhafte Kartoffelchips

Parmesan-Plätzchen

Martini Dry

Champagner Cocktail

Bellini

Martini Dry

Für 1 Portion
1 Tl trockener Wermut (z. B. Martini Dry)
Eiswürfel für den Shaker
60 ml Gin
1 Olive oder ein Stück Zitronenschale zum Garnieren

Den Shaker mit Eiswürfeln füllen, Gin hinzufügen und einmal schütteln. Ein geeistes Martiniglas mit 1 Teelöffel Wermut ausschwenken und dann ausgießen. Den Gin durch ein Sieb in das Glas abgießen und mit einer Olive oder Zitronenschale garniert sofort servieren.

Zubereitungszeit: ca. 5 Minuten
Pro Portion ca. 167 kcal/702 kJ
0 g E · 0 g F · 1 g KH

Champagner Cocktail

Für 1 Portion
1 Zuckerwürfel
3 Spritzer Angostura
3 Tl Brandy
Champagner

Den Zuckerwürfel mit Angostura beträufeln und in eine Champagnerflöte geben. Mit Brandy und Champagner übergießen und servieren.

Zubereitungszeit: ca. 5 Minuten
Pro Portion ca. 143 kcal/598 kJ
0 g E · 0 g F · 11 g KH

Bellini

Für 2 Portionen
½ reifer weißer Pfirsich
1 Tl feinster Zucker
Champagner

Den Pfirsich mit dem Zucker im Mixer pürieren. Ein wenig Champagner in zwei Champagnerflöten gießen und das Pfirsichpüree auf die Gläser verteilen. Leicht verrühren, mit Champagner auffüllen und servieren.

Zubereitungszeit: ca. 10 Minuten
Pro Portion ca. 116 kcal/487 kJ
1 g E · 0 g F · 12 g KH

Manhattan

Für 1 Portion
60 ml Whisky
30 ml süßer Wermut
1 Spritzer Angostura
Zitronenschale zum Garnieren

Ein Glas mit Eiswürfeln füllen und Whisky, Wermut und Angostura hineingießen. Umrühren, bis der Cocktail gut gekühlt ist, und durch ein Sieb in ein Cocktailglas abgießen.

Zubereitungszeit: ca. 5 Minuten
Pro Portion ca. 188 kcal/786 kJ
0 g E · 0 g F · 3 g KH

Manhattan

Seehecht und Kürbis im Teigmantel

Für 40 Stück
300 g Kürbis, geschält
10 große Seehechtfilets ohne Gräten
2 Tl Zitronensaft
80 ml Sojasauce
2 Tl Mirin*
2 Tl Lake von eingelegtem Ingwer*
155 g Tempuramehl*
500 ml Rapsöl zum Ausbacken
Frische Korianderblätter zum Garnieren

Den Kürbis in 20 2–3 mm dünne Streifen schneiden. Die Seehechtfilets längs halbieren. Zitronensaft, Sojasauce, Mirin und Ingwerlake in einer Schüssel zu einer Dipsauce verrühren. Das Tempuramehl mit 250 ml Eiswasser zu einem dünnflüssigen, leicht klumpigen Ausbackteig verrühren.
Das Öl im Wok oder einer tiefen Pfanne bei mittlerer Hitze erhitzen. Nacheinander die Kürbisstreifen und das Fischfilet in kleinen Portionen in den Teig tauchen, im Öl 2–3 Minuten goldgelb ausbacken und auf Küchenpapier abtropfen lassen. Die Korianderblätter mit Teig überziehen, einige Sekunden ausbacken und abtropfen lassen. Alles mit der Dipsauce servieren.

Zubereitungszeit: ca. 40 Minuten
Pro Stück ca. 80 kcal/336 kJ
4 g E · 6 g F · 3 g KH

Aubergine mit Miso überbacken

Für 20 Stück
80 g weiße Miso*
1 El Zucker
1 El Mirin*
1 Eigelb
2 Tl frischer Ingwersaft*
10 Baby-Auberginen
200 ml Pflanzenöl
1 Tl Sesamkörner

Miso, Zucker, Mirin und Eigelb in einer großen Schüssel verrühren, im heißen Wasserbad schaumig schlagen und nach und nach 80 ml kaltes Wasser einrühren. Den Ingwersaft unterziehen. Den Backofen auf 190 °C vorheizen. Die Baby-Auberginen längs halbieren und von der gerundeten Außenseite je eine dünne Scheibe abschneiden und wegwerfen. Das Öl in einer tiefen Pfanne bei mittlerer Hitze erhitzen, die Auberginen von beiden Seiten goldbraun anbraten und auf Küchenpapier abtropfen. Die Auberginen auf ein mit Backpapier ausgelegtes Backblech legen, die Misopaste auf die Auberginenstücke streichen, mit Sesamkörnern bestreuen und 5 Minuten überbacken.

Zubereitungszeit: ca. 40 Minuten
Pro Stück ca. 72 kcal/300 kJ
1 g E · 7 g F · 2 g KH

Sashimi-Thunfisch

Für 30 Sashimi-Röllchen
200 g Sashimi-Thunfisch (sehr frischer Thunfisch)
1 Bund frischer Spinat, gewaschen und abgetropft
1 Tl feinster Zucker
2 El Sojasauce
4 El Sesamkörner
2 Tl Mirin*

Den Thunfisch 30–35 Minuten ins Gefrierfach legen. Den Spinat 20 Sekunden in kochendem Salzwasser blanchieren und in Eiswasser abschrecken. Abtropfen, überschüssiges Wasser vorsichtig ausdrücken und in dünne Streifen schneiden. Den Zucker in einer Schüssel in der Sojasauce lösen. Die Sesamkörner in einer trockenen Pfanne bei mittlerer Hitze leicht rösten, bis sie zu platzen beginnen. Die Sesamkörner grob mahlen und mit Mirin, Spinat und der gezuckerten Sojasauce verrühren. Den Thunfisch mit einem scharfen Messer in 30 sehr dünne Scheiben schneiden und auf der sauberen Arbeitsfläche auslegen. Je 1 Teelöffel der Spinatmischung abstechen, überschüssige Flüssigkeit ausdrücken und auf ein Ende der Thunfischscheiben legen. Die Thunfischscheiben zu kleinen Röllchen aufrollen, anrichten und servieren.

Zubereitungszeit: ca. 50 Minuten (plus Kühlzeit)
Pro Stück ca. 21 kcal/87 kJ
2 g E · 1 g F · 0 g KH

Garnelenbällchen

Für 12 Stück
30 g Reismehl
24 große rohe Garnelen, geschält und geputzt
2 ½ Tl Mirin*
1 Eiweiß, leicht verschlagen
40 g in dünne Streifen geschnittene Frühlingszwiebel
100 g Somen-Nudeln*, in kleine Stücke gebrochen
2 El Limettensaft
2 El Mirin* (zusätzlich), für die Sauce
4 El Sojasauce
100 ml Erdnussöl

Das Mehl mit ¼ Teelöffel Salz in eine Schüssel sieben, eine Mulde in die Mitte drücken, 2 Esslöffel Wasser hinzufügen, zu einem glatten Teig verrühren und auf die Seite stellen. Die Garnelen fein hacken und in einer Schüssel mit Mirin, Eiweiß, Frühlingszwiebeln und dem Teig vermischen. Mit Salz und frisch gemahlenem schwarzem Pfeffer würzen und gründlich verrühren.
Die Nudeln auf ein Stück Backpapier geben, je etwa ½ Teelöffel des Garnelenteigs zu kleinen Kugeln formen, in den Nudeln wälzen und auf die Seite stellen. Limettensaft, Mirin und Sojasauce zu einer Dipsauce verrühren. Das Öl im Wok oder einer tiefen Pfanne bei mittlerer Hitze erhitzen und die Garnelenbällchen rundum goldbraun braten. Auf Küchenpapier abtropfen und mit der Dipsauce servieren.

Zubereitungszeit: ca. 40 Minuten
Pro Stück ca. 137 kcal/573 kJ
10 g E · 6 g F · 9 g KH

Seehecht und Kürbis im Teigmantel

Sashimi-Thunfisch

Aubergine mit Miso überbacken

Garnelenbällchen

Pistazien-Orangen-Kräcker   Lachs-Canapées

Gewürz-Grissini

Pistazien-Orangen-Kräcker

Für 30 Stück
125 g Mehl
30 g Reismehl
¼ Tl Backpulver
2 Tl fein abgeriebene Orangenschale
40 g gehackte Pistazien
3 El Pflanzenöl
100 g Naturjoghurt
1 Eiweiß, leicht verschlagen

Den Backofen auf 180 °C vorheizen. Mehl, Reismehl, Backpulver und 1 1/2 Teelöffel Salz in eine Schüssel sieben und mit Orangenschale, Pistazien und etwas frisch gemahlenem schwarzem Pfeffer vermischen. Öl und Joghurt hinzufügen und zu einem glatten Teig verkneten. Zu einer Kugel formen und auf der bemehlten Arbeitsfläche möglichst dünn ausrollen. Die Teigplatte in 4 cm große Quadrate schneiden oder mit einem runden Ausstecher (4 cm Ø) ausstechen. Die Kräcker auf ein mit Backpapier ausgelegtes Backblech legen, mit Eiweiß bestreichen und 15 Minuten goldbraun backen. Auf einem Kuchengitter abkühlen lassen. Besonders delikat schmecken die Kräcker mit Cheddar, Crème fraîche oder Räucherforelle.

Zubereitungzeit: ca. 40 Minuten
(plus Zeit zum Abkühlen)
Pro Stück ca. 37 kcal/154 kJ
1 g E · 2 g F · 4 g KH

Lachs-Canapées

Für 30 Stück
1 Eigelb
1 Tl körniger Senf
1 El Zitronensaft
½ Tl Zucker
60 ml Olivenöl
180 ml Pflanzenöl
3 Tl fein gehackter frischer Dill
150 g Graved Lachs* oder Räucherlachs
30 kleine Scheiben Pumpernickel

Eigelb, Senf, Zitronensaft, Zucker und ½ Teelöffel Salz in einer kleinen Schüssel verrühren. Die Öle mischen, unter ständigem Rühren mit dem Schneebesen in die Eigelbmischung geben und zu einer Mayonnaise aufschlagen. Den Dill einrühren und auf die Seite stellen. Den Lachs auf die Pumpernickelscheiben verteilen, etwas Mayonnaise darauf geben und mit frisch gemahlenem schwarzem Pfeffer bestreut servieren.

Zubereitungszeit: ca. 20 Minuten
Pro Stück ca. 90 kcal/379 kJ
1 g E · 9 g F · 2 g KH

Gewürz-Grissini

Für 30–35 Stück
7 g Trockenhefe (1 Beutel)
1/2 Tl Zucker
310 g Mehl
2 El schwarze Sesamkörner*
1 El frisch gemahlener Kreuzkümmel
2 El gehackter frischer Thymian
1 Ei
1 El Olivenöl

Hefe und Zucker in einer kleinen Schüssel in 250 ml warmem Wasser lösen und 5–10 Minuten ziehen lassen. Mehl, Sesamkörner, Kümmel, Thymian und ½ Teelöffel Salz in einer Schüssel vermischen, eine Mulde in die Mitte drücken und die Hefelösung hineingeben. Zu einem Teig verkneten, zu einer Kugel formen und auf einer bemehlten Arbeitsfläche 8–10 Minuten kräftig durchkneten. In eine leicht geölte Schüssel geben und mit Frischhaltefolie abgedeckt 3 Stunden an einem warmen Ort auf doppelte Größe gehen lassen. Auf der bemehlten Arbeitsfläche nochmals 1–2 Minuten durchkneten, zu einer 5 mm dicken Teigplatte ausrollen und in Streifen (ca. 25 x 1 cm) schneiden. Die Streifen leicht rollen und auf ein mit Backpapier ausgelegtes Backblech legen. Abgedeckt weitere 30 Minuten gehen lassen.
Den Backofen auf 180 °C vorheizen. Das Ei in einer kleinen Schüssel mit 60 ml Wasser verschlagen. Die Teigstangen mit Ei bestreichen und 15 Minuten goldbraun backen. Die Stangen mit Öl bestreichen, mit Meersalz bestreuen und weitere 4–5 Minuten in den Ofen geben. Auf einem Kuchengitter abkühlen lassen und bis zum Servieren in einem luftdicht verschließbaren Behälter aufbewahren.

Zubereitungszeit: ca. 1 Stunde
(plus Zeit zum Gehen)
Pro Stück ca. 39 kcal/164 kJ
1 g E · 1 g F · 6 g KH

Ziegenkäse-Schiffchen

Für 36 Stück
150 g Ziegenkäse
250 ml Sahne
1 Ei, verschlagen
3 Eigelb
36 kleine Filoteig-Schiffchen*

Den Backofen auf 180 °C vorheizen. Den Ziegenkäse zerkrümeln und in einer Schüssel mit der Sahne cremig rühren. Ei und Eigelb einrühren und mit Salz und frisch gemahlenem schwarzem Pfeffer abschmecken. Die Füllung auf die Teigschiffchen verteilen und 12 Minuten goldbraun backen.

Zubereitungszeit: ca. 30 Minuten
Pro Stück ca. 74 kcal/310 kJ
2 g E · 6 g F · 3 g KH

Ziegenkäse-Schiffchen

Mai Tai

Melonen-Wodka mit Minze

Campari Classic

Mojito

Mai Tai

Für 1 Portion
Eiswürfel zum Füllen des Shakers
1 El Limettensaft
2 El Grand Marnier
1 Spritzer Angostura
60 ml brauner Jamaikarum
1 Tl Grenadine
80 ml Ananassaft
2 Tropfen Mandelaroma
Eiswürfel (zusätzlich) zum Servieren
Ananasstücke und Minzeblätter zum Garnieren

Den Shaker mit Eiswürfeln füllen, die restlichen Zutaten bis auf die Garnitur hinzufügen und kräftig schütteln. Eiswürfel in ein Glas geben, den Cocktail durch ein Sieb darüber gießen und mit Ananasstücken und Minzeblättern garniert servieren.

Zubereitungszeit: ca. 5 Minuten
Pro Portion ca. 273 kcal/1145 kJ
0 g E · 0 g F · 21 g KH

Campari Classic

Für 1 Portion
125 ml frisch gepresster Orangensaft
60 ml Campari
6 Eiswürfel
Orangenscheiben zum Garnieren

Orangensaft und Campari in ein Glas geben, Eiswürfel hinzufügen und mit Orangenscheiben garniert servieren.

Zubereitungszeit: ca. 5 Minuten
Pro Portion ca. 205 kcal/859 kJ
1 g E · 0 g F · 17 g KH

Melonen-Wodka mit Minze

Für 1 Portion
2 frische Minzezweige
5 Eiswürfel aus Wassermelonensaft
125 ml Wassermelonensaft
½ Tl Limettensaft
30 ml Wodka

Minzezweige und Wassermeloneneis in ein Glas geben, Wassermelonensaft, Limettensaft und Wodka darüber gießen, gut umrühren und servieren.

Zubereitungszeit: ca. 5 Minuten
Pro Portion ca. 121 kcal/506 kJ
1 g E · 0 g F · 11 g KH

Mojito

Für 1 Portion
4 frische Minzezweige
2 Tl Zucker
1/2 Limette, in 4 Spalten geschnitten
60 ml weißer Rum
4 Eiswürfel
Mineralwasser

Minzezweige, Zucker und Limettenspalten in ein Glas geben und mit dem Holzstößel zerdrücken. Die Eiswürfel hineingeben, mit Rum übergießen und mit Mineralwasser auffüllen.

Zubereitungszeit: ca. 5 Minuten
Pro Portion ca. 218 kcal/913 kJ
0 g E · 0 g F · 18 g KH

Limetten-Kokos-Pfannkuchen mit Hühnchen und Minze

Ananas mit Ma Hor

Thunfisch-Canapées

Garnelen-Spießchen mit Koriander und Limette

Limetten-Kokos-Pfannkuchen mit Hühnchen und Minze

Für 20 Pfannkuchen

160 ml Limettensaft

2 Tl Sesamöl, 2 El Palmzucker*

2 Tl Fischsauce

1 Tl entkernte und fein gehackte frische rote Chilischote

400 g Hühnchen, gedünstet und klein geschnitten

125 g Mehl

1 Ei, leicht verschlagen

Saft und fein abgeriebene Schale von 1 Limette

250 ml Kokosmilch

30 g frische Minzeblätter, 20 g frische Korianderblätter

Limettensaft, Sesamöl, Zucker, Fischsauce und Chili in einer Schüssel verrühren, bis der Zucker gelöst ist. Das Hühnchen hinzufügen und unterheben. Das Mehl mit ¼ Teelöffel Salz in eine Schüssel sieben, eine Mulde in die Mitte drücken, Ei, Limettenschale, Limettensaft und Kokosmilch hineingeben und zu einem glatten Teig verrühren. Eine große beschichtete Pfanne mit Öl ausreiben und bei schwacher Hitze erhitzen. Den Teig so in die Pfanne tröpfeln lassen, dass ein Gittermuster mit 10 cm Durchmesser entsteht, und 2 Minuten goldgelb backen. Wenden und weitere 1–2 Minuten goldgelb backen. Den Pfannkuchen auf einen Teller geben und mit dem restlichen Teig auf dieselbe Weise verfahren, bis der Teig verarbeitet ist. Minze- und Korianderblätter unter das Hühnchen heben, das Hühnchen auf die Pfannkuchen verteilen, aufrollen und sofort servieren.

Zubereitungszeit: ca. 1 Stunde · 15 Minuten
Pro Stück ca. 89 kcal/372 kJ
6 g E · 3 g F · 8 g KH

Ananas mit Ma Hor

Für 20 Stück

2 Knoblauchzehen, grob gehackt

2 El grob gehackte frische Korianderwurzel

½ Tl grüne Pfefferkörner, 1 Tl frisch geriebener Ingwer

2 Frühlingszwiebeln, gehackt

2 El Erdnussöl

150 g Schweinehack

75 g Krabbenfleisch, fein gehackt

½ Tl fein gehackte Kaffir-Limettenblätter

1 ½ El Palmzucker*, 1 ½ El Fischsauce

1 Ananas, geviertelt und den Strunk entfernt

2 Chilischoten, entkernt und fein gehackt zum Garnieren

Knoblauch, Korianderwurzel, Pfefferkörner, Ingwer, Frühlingszwiebeln und Öl im Mixer zu einer glatten Paste pürieren. Eine Pfanne bei mittlerer Hitze erhitzen und die Paste 2 Minuten anbraten. Hackfleisch und Krabbenfleisch hinzufügen und unter gelegentlichem Rühren anbraten. Limettenblätter, Zucker und Fischsauce einrühren, die Temperatur reduzieren und leicht einkochen. Zum Abkühlen auf die Seite stellen. Die Ananasviertel in 1 cm dicke Spalten schneiden, die Ma Hor-Paste darauf verteilen und mit Chili garniert servieren.

Zubereitungszeit: ca. 35 Minuten
Pro Stück ca. 56 kcal/235 kJ
2 g E · 3 g F · 6 g KH

Thunfisch-Canapées

Für 30 Stück

50 ml Tamarindenwasser*

1 El Palmzucker*, grob gerieben

80 ml Limettensaft

1 El fein geriebener frischer Ingwer

1 El Fischsauce, 2 Tl Sesamöl

1 rote Chilischote, entkernt und fein gehackt

1 El fein gehackte Kaffir-Limettenblätter

1 El fein gehacktes Zitronengras, nur der weiße Teil

300 g Thunfischfilet, längs in 3 Stücke geschnitten

3 schlanke Gemüsegurken

15 g frische Korianderblätter

75 g Erdnüsse, geröstet und fein gehackt

Tamarindenwasser, Palmzucker, Limettensaft, Ingwer, Fischsauce, Sesamöl, Chili, Limettenblätter und Zitronengras in einer kleinen Schüssel verrühren, bis der Zucker gelöst ist. Eine leicht gefettete Pfanne bei starker Hitze erhitzen und den Thunfisch von jeder Seite 1 Minute scharf anbraten. Auf die Seite stellen und mit ein wenig Meersalz würzen. Die Gurken in 0,5–1 cm dicke Scheiben schneiden. Den Thunfisch in kleine Stücke schneiden und auf die Gurkenscheiben verteilen. Korianderblätter und Erdnüsse unter das Dressing heben, mit einem Teelöffel auf die Thunfisch-Canapées verteilen und sofort servieren.

Zubereitungszeit: ca. 25 Minuten
Pro Stück ca. 41 kcal/173 kJ
3 g E · 2 g F · 2 g KH

Garnelen-Spießchen mit Koriander und Limette

Für 20 Stück

2 El gehackte frische Korianderwurzel

2 El geriebener frischer Ingwer

2 Knoblauchzehen, grob gehackt

1 Stängel Zitronengras, nur der weiße Teil, grob gehackt

125 ml Pflanzenöl

1 Tl gemahlener Koriander

20 große rohe Garnelen, geschält und geputzt

30 g frische Korianderblätter

60 ml Limettensaft, 125 ml Olivenöl

½ Tl Zucker

20 kleine Holzspieße

Korianderwurzel, Ingwer, Knoblauch, Zitronengras, Pflanzenöl und gemahlenen Koriander im Mixer zu einer glatten Paste pürieren. Die Garnelen in eine flache Keramik- oder Glasauflaufform legen und die Paste darüber geben. Abdecken und mindestens 1 Stunde im Kühlschrank marinieren.
Korianderblätter, Limettensaft, Olivenöl, Zucker und 1 Prise Salz zu einem Dressing verrühren und auf die Seite stellen. Je 1 Garnele auf einen Spieß stecken und auf dem Grill bei mittlerer Hitze 5 Minuten grillen. Mit Korianderdressing beträufelt servieren.

Zubereitungszeit: ca. 20 Minuten
(plus Zeit zum Marinieren)
Pro Stück ca. 85 kcal/355 kJ
5 g E · 7 g F · 1 g KH

Gedämpfter Lachs mit Fenchel und Minze

Gedämpfte Garnelen-Wantans mit Zitronen-Dip   Frittierte Muschel-Wantans

Gedämpfter Lachs mit Fenchel und Minze

Für 20 Portionen

2 TI Senfkörner

½ TI Fenchelsamen

2 TI Zucker

2 El Olivenöl

½ TI Essig

2 kleine grob geraspelte Fenchelknollen

½ in dünne Scheiben geschnittene Gemüsegurke

10 g fein gehackte frische Minze

80 ml Zitronensaft

200 g Lachsfilet ohne Haut und Gräten

20 Jakobsmuschelschalen

Senfkörner, Fenchelsamen, Zucker und ¼ Teelöffel Salz im Mörser fein zerstoßen. Mit Öl und Essig zu einem dickflüssigen Dressing verrühren. Fenchel, Gurke, Minze und Zitronensaft in einer kleinen Schüssel vermischen. Das Dressing dazugeben und gut vermischen. Den Lachs in 20 Stücke schneiden (ca. 4 x 8 x 1 cm). Die Lachsstücke auf die Muschelschalen verteilen und abgedeckt 2 Minuten in einem Bambusdämpfer über einem Topf mit kochendem Wasser dämpfen. Herausnehmen, den Fenchelsalat auf die Lachsstücke verteilen und sofort servieren.

Zubereitungszeit: ca. 20 Minuten
Pro Portion ca. 34 kcal/142 kJ
2 g E · 2 g F · 2 g KH

Gedämpfte Garnelen-Wantans mit Zitronen-Dip

Für 30 Stück

450 g rohe Garnelen, geschält, geputzt und fein gehackt, oder

210 g fein gehacktes Krabbenfleisch

¼ TI Fünf-Gewürze-Pulver

6 klein geschnittene Frühlingszwiebeln

2 Eiweiß

1 TI fein geriebener frischer Ingwer

1 Ei

30 quadratische Wantan-Blätter*

Zitronen-Dip*

Garnelenfleisch, Fünf-Gewürze-Pulver, Frühlingszwiebeln, Eiweiß, Ingwer und ½ Teelöffel Meersalz in einer Schüssel vermischen. Das Ei in einer kleinen Schüssel leicht mit 60 ml Wasser verschlagen.
Die Wantan-Blätter auf der Arbeitsfläche auslegen und je 1 gehäuften Teelöffel Garnelenfüllung in die Mitte der Teigblätter geben. Die Teigränder mit Ei bestreichen, die vier Ecken nach oben falten und zu einer Tasche verschließen. Die Wantans abgedeckt 3 Minuten in einem Bambusdämpfer über einem Topf mit kochendem Wasser dämpfen. Mit dem Zitronen-Dip servieren.

Zubereitungszeit: ca. 25 Minuten
Pro Stück ca. 42 kcal/177 kJ
2 g E · 1 g F · 7 g KH

Frittierte Muschel-Wantans

Für 30 Stück

400 g Jakobsmuscheln ohne Schale, fein gehackt

½ TI fein abgeriebene Orangenschale

3 El fein gehackte frische Korianderblätter

3 klein geschnittene Frühlingszwiebeln

¼ TI Sesamöl, 2 TI fein gehackte rote Chilischote

1 TI Fischsauce, 1 Kaffir-Limettenblatt

¼ TI fein geriebener frischer Ingwer, 2 El Mehl

1 Ei, 30 quadratische Wantan-Blätter*

Erdnussöl zum Frittieren

Limetten, geviertelt, zum Servieren

Muschelfleisch, Orangenschale, Koriander, Frühlingszwiebeln, Sesamöl, Chili, Fischsauce, Limettenblatt und Ingwer in einer Schüssel vermischen. Das Mehl darüber streuen, abschmecken und gut verrühren. Das Ei in einer Schüssel leicht mit 60 ml Wasser verschlagen. Die Wantan-Blätter auf der Arbeitsfläche auslegen und je 1 gehäuften Teelöffel Muschelfüllung in die Mitte der Teigblätter geben. Die Teigränder mit Ei bestreichen, die vier Ecken nach oben falten und zu einer Tasche verschließen. Die Spitzen der Taschen leicht verdrehen. Das Öl im Wok erhitzen und die Wantans goldbraun frittieren. Auf Küchenpapier abtropfen und sofort servieren.

Zubereitungszeit: ca. 35 Minuten
Pro Stück ca. 65 kcal/271 kJ
3 g E · 4 g F · 4 g KH

Kokos-Ingwer-Pfannkuchen

Für 20 Stück

1 Backhendl, Haut und Fleisch klein geschnitten

2 TI Fünf-Gewürze-Pulver, 125 g Reismehl

435 ml Kokosmilch, 1 Ei, verschlagen

1 El geriebener Palmzucker*

1 TI fein geriebener frischer Ingwer

1–2 El Erdnussöl, 30 g frische Korianderblätter

Hoisin- oder Pflaumensauce zum Servieren

Die Hendlhaut auf ein Backblech legen und 1–2 Minuten unter dem vorgeheizten Grill knusprig rösten. Haut und Bratensaft in einer Schüssel mit Fleisch und Fünf-Gewürze-Pulver vermischen. Das Mehl mit ¼ Teelöffel Salz in eine Schüssel sieben und eine Mulde in die Mitte drücken. Kokosmilch, Ei, Zucker und Ingwer hineingeben und zu einem glatten Teig verrühren.
Das Öl in einer Pfanne bei mittlerer bis starker Hitze erhitzen. 2–3 Korianderblätter in die Mitte der Pfanne geben und etwa 2 Esslöffel Teig darüber gießen, so dass ein Pfannkuchen von etwa 10 cm Durchmesser entsteht. Von beiden Seiten goldbraun backen und auf einen Teller geben. Mit den restlichen Korianderblättern und dem Teig auf dieselbe Weise verfahren. Die Füllung auf die Pfannkuchen verteilen, aufrollen und mit Hoisin- oder Pflaumensauce servieren.

Zubereitungszeit: ca. 1 Stunde
Pro Stück ca. 115 kcal/482 kJ
8 g E · 6 g F · 6 g KH

Kokos-Ingwer-Pfannkuchen

Pina Colada

Für 2 Portionen

½ frische Ananas in Stücken

1 Tasse Eiswürfel

2 El Limettensaft

60 ml Zuckersirup*

60 ml weißer Rum

60 ml Kokoscreme

Frische Ananasstücke und Limettenscheiben zum Garnieren

Alle Zutaten ohne die Garnitur im Mixer glatt rühren, in Gläser füllen und mit Ananas und Limette garniert servieren.

Zubereitungszeit: ca. 5 Minuten
Pro Portion ca. 330 kcal/1379 kJ
1 g E · 5 g F · 50 g KH

Pimm's mit Ingwersirup

Für 1 Portion

4–5 Eiswürfel

125 ml Ananassaft

1 ½ El Ingwersirup*

60 ml Pimm's Gin

60 ml Mineralwasser

Limettenscheiben und Ananasstücke zum Garnieren

Die Eiswürfel in ein hohes Glas geben, Ananassaft, Ingwersirup und Gin darüber gießen und mit Mineralwasser auffüllen. Mit Limette und Ananas garniert servieren.

Zubereitungszeit: ca. 5 Minuten
Pro Portion ca. 290 kcal/1220 kJ
0 g E · 0 g F · 36 g KH

Tropischer Rum-Cocktail

Für 2 Portionen

30 ml weißer Rum

30 ml Malibu (Kokoslikör)

30 ml Midori (Melonenlikör)

200 ml Grapefruitsaft

Grob gehacktes Fruchtfleisch von ½ Honigmelone

Eiswürfel zum Servieren

Honigmelonenspalten zum Garnieren

Die Zutaten bis auf das Eis und die Melonenspalten im Mixer glatt rühren. Das Eis in hohe Gläser füllen, den Cocktail darüber gießen und mit Melonenspalten garniert servieren.

Zubereitungszeit: ca. 5 Minuten
Pro Portion ca. 191 kcal/803 kJ
2 g E · 0 g F · 24 g KH

Litschi-Rum-Blast

Für 2 Portionen

10 Litschis aus der Dose

80 ml gekühlte Kokosmilch

60 ml brauner Rum

60 ml gekühlter Litschisirup

10 Minzeblätter

Alle Zutaten im Mixer glatt rühren, in gekühlte Gläser füllen und sofort servieren.

Zubereitungszeit: ca. 5 Minuten
Pro Portion ca. 215 kcal/900 kJ
1 g E · 7 g F · 19 g KH

Pina Colada

Tropischer Rum-Cocktail

Pimm's mit Ingwersirup

Litschi-Rum-Blast

127

Long Island Iced Tea

Mint Julep

Opal Ice

Citron Pressé

Long Island Iced Tea

Für 2 Portionen
30 ml Wodka
30 ml Gin
30 ml weißer Rum
30 ml weißer Tequila
30 ml Triple Sec
30 ml Zitronensaft
8 Eiswürfel
Cola zum Auffüllen
Zitronenspalten zum Garnieren

Wodka, Gin, Rum, Tequila, Triple Sec und Zitronensaft mit den Eiswürfeln in einem Shaker kräftig schütteln. Mit dem Eis in hohe, geeiste Gläser füllen, mit Cola auffüllen und mit Zitronenspalten garniert servieren.

Zubereitungszeit: ca. 5 Minuten
Pro Portion ca. 260 kcal/1088 kJ
3 g E · 0 g F · 18 g KH

Mint Julep

Für 1 Portion
1 ½ TI feinster Zucker
10 Minzeblätter
¾ Tasse zerstoßenes Eis
90 ml Whisky
Minzeblätter zum Garnieren

Zucker, 6 Minzeblätter und 1 Spritzer Wasser in ein Glas geben und mit einem Holzstößel zerstoßen, bis der Zucker gelöst ist. Das Glas mit zerstoßenem Eis füllen und den Whisky darüber gießen. Gut durchrühren und 30 Minuten ins Gefrierfach stellen. Mit Minzeblättern und einem Strohhalm servieren.

Zubereitungszeit: ca. 5 Minuten
(plus Kühlzeit)
Pro Portion ca. 228 kcal/952 kJ
0 g E · 0 g F · 0 g KH

Opal Ice

Für 2 Portionen
1 ½ Tassen zerstoßenes Eis
30 ml weißer Rum
30 ml Triple Sec
30 ml Midori (Melonenlikör)
1 El Limettensaft
1 El Blue Curaçao

Das Eis auf zwei große Cocktailgläser verteilen. Rum, Triple Sec, Midori und Limettensaft mit etwas Eis in den Shaker geben und kräftig schütteln. Drei Viertel der Mischung in die beiden Gläser geben, dann den Curaçao hinzufügen. Mit der restlichen Mischung auffüllen und sofort servieren.

Zubereitungszeit: ca. 5 Minuten
Pro Portion ca. 139 kcal/593 kJ
0 g E · 0 g F · 11 g KH

Citron Pressé

Für 1 Portion
60 ml Zitronenwodka
60 ml Zuckersirup*
2 El Zitronensaft
Eis zum Füllen des Shakers
Zitronenschale zum Garnieren

Alle Zutaten bis auf das Eis und die Garnitur in den Shaker geben. Kräftig schütteln und in ein Londrink-Glas mit etwas Eis geben. Großzügig mit fein geriebener Zitronenschale und Zitronenspiralen garnieren.

Zubereitungszeit: ca. 5 Minuten
Pro Portion ca. 402 kcal/1683 kJ
0 g E · 0 g F · 64 g KH

Rumpunsch

Für 8 Portionen
500 ml Pfirsichnektar
200 ml brauner Rum
60 ml Limettensaft
3 weiße Pfirsiche, geschält und in dünne Spalten geschnitten
75 ml Ingwersirup*
½ klein geschnittene frische Ananas
1 l Ginger Ale
Frische Limettenscheiben und Minzeblätter zum Garnieren

Alle Zutaten bis auf die Garnitur in eine große Punschschale geben und gut verrühren. Mit Limette und Minze garnieren.

Zubereitungszeit: ca. 5 Minuten
Pro Portion ca. 216 kcal/904 kJ
1 g E · 0 g F · 37 g KH

Rumpunsch

Tarteletts mit Bohnenpüree und Cocktailtomaten

Lachs im Teigmantel

Artischocken-Tarteletts

Tarteletts mit Bohnenpüree und Cocktailtomaten

Für 30 Tarteletts

100 g weiße Bohnen, über Nacht eingeweicht

2 Knoblauchzehen

30 Cocktailtomaten

2 El frische Zitronenthymianblätter

125 ml Olivenöl

30 vorgebackene Tarteletts*

Die Bohnen abtropfen lassen und mit dem Knoblauch in einen Topf mit Wasser geben. Aufkochen und 30 Minuten köcheln lassen. Den Backofen auf 180 °C vorheizen, die Tomaten mit 2 Teelöffeln Zitronenthymian, 60 ml Olivenöl und ½ Teelöffel Salz auf ein Backblech geben und 30 Minuten backen. 5 Minuten vor Ende der Garzeit 2 Teelöffel Salz zu den Bohnen geben. Die gekochten Bohnen abgießen und von Hand oder im Mixer mit dem restlichen Olivenöl und Thymian pürieren. Mit Salz und frisch gemahlenem schwarzen Pfeffer abschmecken.
In jedes Tartelett 1 Teelöffel Bohnenpüree geben und 1 Cocktailtomate darauf setzen. Sofort servieren.

Zubereitungszeit: ca. 55 Minuten
Pro Stück ca. 87 kcal/364 kJ
1 g E · 6 g F · 6 g KH

Lachs im Teigmantel

Für 30 Stück

300 g Lachsfilet ohne Haut und Gräten

2 TI Gewürz-Sumach*

1 TI geriebener frischer Ingwer

100 g weiche Butterflocken

1 El kandierter Ingwer, fein gehackt

1 El Johannisbeeren

1 Kaffir-Limettenblatt, klein geschnitten

2 Blätter TK-Blätterteig, aufgetaut

2 El Milch

Den Backofen auf 200 °C vorheizen. Das Lachsfilet längs in vier 2 cm breite Streifen schneiden. Sumach, Ingwer, Butterflocken, kandierten Ingwer, Johannisbeeren und Limettenblatt in einer Schüssel gründlich verrühren. Die Teigblätter halbieren und jeweils 1 Stück Lachs in die Mitte legen. Jeweils ¼ der gewürzten Butter darauf geben, den Teig um die Füllung schlagen und die Ränder fest andrücken.
Die Lachspakete auf ein mit Backpapier ausgelegtes Backblech setzen und mit etwas Milch bestreichen. 20–25 Minuten goldbraun backen. Aus dem Ofen nehmen und leicht abkühlen lassen. In 2,5 cm lange Stücke schneiden und servieren.

Zubereitungszeit: ca. 45 Minuten
Pro Stück ca. 55 kcal/232 kJ
2 g E · 4 g F · 2 g KH

Artischocken-Tarteletts

Für 20 Tarteletts

120 g Artischockenherzen in Öl, abgetropft

15 Knoblauchzehen, weich geröstet

60 ml Olivenöl

½ TI Trüffelöl

20 vorgebackene Tarteletts*

30 g frischer Parmesan, gehobelt

Artischockenherzen, Knoblauch, Olivenöl und Trüffelöl im Mixer glatt pürieren. Mit Salz und frisch gemahlenem schwarzem Pfeffer abschmecken. Jeweils 1 Teelöffel der Mischung in die Tarteletts geben und mit gehobeltem Parmesan garnieren.

Zubereitungszeit: ca. 15 Minuten
Pro Stück ca. 78 kcal/326 kJ
1 g E · 6 g F · 5 g KH

Forellen-Gurken-Canapées

Für 24 Stück

Für die Haferplätzchen:

250 g feines Hafermehl, ½ TI Speisenatron

30 g Butter, zerlassen

Hafermehl (zusätzlich) zum Ausrollen

Für die Forellencreme:

2 Gemüsegurken

2 El Zitronensaft

200 g geräucherte Forelle, zerkleinert

80 g saure Sahne

1 El fein gehackte Zitronenschale

3 TI fein gehackter frischer Dill

Den Backofen auf 160 °C vorheizen. Hafermehl, Natron und ½ Teelöffel Salz in einer Schüssel mischen. Die zerlassene Butter und 150 ml heißes Wasser zugießen und zu einem geschmeidigen Teig verrühren. Etwas Hafermehl auf eine saubere Fläche streuen und den Teig 1 Minute sanft kneten. Den Teig in 4 Portionen teilen. 1 Portion zwischen zwei Lagen Backpapier sehr dünn ausrollen und mit einem 3–4 cm großen runden Ausstecher kleine Kreise ausstechen. Den Vorgang mit dem übrigen Teig wiederholen. Die Teigscheiben auf ein mit Backpapier ausgelegtes Backblech legen und 15–20 Minuten backen. Auf einem Kuchengitter abkühlen lassen.
Die Gurken längs halbieren und mit einem Teelöffel entkernen. Das Fruchtfleisch in dünne Scheiben schneiden und mit 1 Teelöffel Salz bestreuen. 1 Stunde in einem Sieb über einer Schüssel abtropfen lassen, vorsichtig ausdrücken und mit Küchenpapier trockentupfen. Mit 1 Esslöffel Zitronensaft in eine Schüssel geben und vermischen. In einer zweiten Schüssel Forelle, saure Sahne und Zitronenschale mischen. Mit Salz, frisch gemahlenem schwarzem Pfeffer und dem restlichen Zitronensaft abschmecken. Jeweils 1 Teelöffel der Forellencreme auf die Haferplätzchen geben und mit Gurkenscheiben garnieren. Mit Dill bestreuen und servieren.

Zubereitungszeit: ca. 50 Minuten
(plus Zeit zum Abtropfen)
Pro Stück ca. 70 kcal/293 kJ
4 g E · 3 g F · 8 g KH

Forellen-Gurken-Canapées

Rindfleisch-Canapées mit Tomatensalsa

Für 30 Stück

500 g Eiertomaten, geviertelt

1 Tl Zucker, 10 Basilikumblätter, klein geschnitten

10 Minzeblätter, klein geschnitten

1 Tl Balsamessig

300 g Rinderfilet, etwa 4 cm Durchmesser

1 El Pflanzenöl

1 Baguette, in dünne Scheiben geschnitten

Den Backofen auf 160 °C vorheizen. Die Tomatenviertel in einer Auflaufform mit Zucker und 1 Teelöffel Salz bestreuen und 40 Minuten rösten, bis sie an den Rändern schwärzen. Aus dem Ofen nehmen und abkühlen lassen. In dünne Streifen schneiden und mit Basilikum und Minze in eine Schüssel geben. Balsamessig darüber geben und alles gründlich vermischen.

Das Fleisch mit frisch gemahlenem schwarzen Pfeffer würzen. Das Öl in einer Pfanne stark erhitzen und das Filet 2 Minuten rundum scharf anbraten. Vom Herd nehmen und mit etwas Meersalz bestreuen. Abkühlen lassen, dann in 1 cm dicke Scheiben schneiden. Mit der Salsa auf den Baguettescheiben anrichten.

Zubereitungszeit: ca. 1 Stunde
(plus Zeit zum Abkühlen)
Pro Stück ca. 52 kcal/218 kJ
3 g E · 1 g F · 7 g KH

Süßkartoffel-Chips

Für 6 Portionen

2 El Olivenöl

1 Knoblauchknolle, waagerecht halbiert, 1 große Aubergine

50 g Tahini-Paste*, 60 ml Zitronensaft

10 g fein gehackte frische glatte Petersilie

1 große Süßkartoffel

500 ml Pflanzenöl, 1 Tl Gewürz-Sumach*

Den Backofen auf 200 °C vorheizen. Das Olivenöl in eine Auflaufform geben, den Knoblauch mit der Schnittseite nach unten in das Öl setzen und die ganze Aubergine hinzufügen. 35–40 Minuten schmoren, bis der Knoblauch goldbraun und die Aubergine gar ist. Aus dem Ofen nehmen und abkühlen lassen, dann die Knoblauchzehen aus der Zwiebel drücken und in den Mixer geben. Die Aubergine halbieren, das Fruchtfleisch auslösen und mit dem Knoblauch glatt pürieren. In eine Schüssel geben und mit der Tahini-Paste verrühren. Den Zitronensaft zugießen und mit Salz abschmecken. Die Petersilie einrühren und auf die Seite stellen. Die Süßkartoffel mit einem scharfen Messer oder einem Sparschäler in hauchdünne Scheiben schneiden. Das Öl in einer tiefen Pfanne bei mittlerer Hitze erhitzen und die Kartoffelscheiben in mehreren Portionen knusprig und goldgelb frittieren. Auf Küchenpapier abtropfen, mit Sumach und Meersalz bestreuen und mit dem Auberginenmus servieren.

Zubereitungszeit: ca. 1 Stunde · 20 Minuten
Pro Portion ca. 290 kcal/1218 kJ
4 g E · 23 g F · 17 g KH

Feigenrolle mit Pecorino

Für 40 Stück

250 g getrocknete Feigen, sehr klein gehackt

2 ½ Tl rotes Johannisbeergelee

1 Tl Brandy

40 g gehackte Walnüsse

¼ Tl Anissamen

6–8 Blätter Reispapier*

50 g Pecorino, gehobelt

Alle Zutaten bis auf das Reispapier und den Käse im Mixer zu einer groben Paste verarbeiten. Auf Backpapier geben und zu einer Rolle formen. In Reispapier einwickeln und 3–4 Tage unabgedeckt ruhen lassen. In Scheiben schneiden und mit Pecorinospänen garniert servieren.

Zubereitungszeit: ca. 20 Minuten
(plus Zeit zum Ruhen)
Pro Stück ca. 36 kcal/152 kJ
1 g E · 1 g F · 5 g KH

Auberginenscheiben mit süßem Harissa und Minze

Für 24 Stück

4 kleine schlanke Auberginen

150 ml Pflanzenöl

2 rote Paprika, geröstet und gehäutet

2 Tl gerösteter gemahlener Kreuzkümmel

2 Tl gerösteter gemahlener Koriander

2 kleine rote Chilischoten, entkernt und fein gehackt

½ Tl Paprikapulver

10 g grob gehackte glatte Petersilie

30 g grob gehackte frische Korianderblätter

2 Knoblauchzehen

3 El Olivenöl

6 Minzeblätter

½ Tl brauner Zucker

24 Minzeblätter (zusätzlich) zum Servieren

Die Enden der Auberginen abschneiden und die Auberginen in 2 cm dicke Scheiben schneiden. In ein Sieb über einer Schüssel geben und leicht salzen. 20–30 Minuten ziehen lassen, dann abspülen und leicht ausdrücken. Das Öl in einer tiefen Pfanne bei mittlerer Hitze erhitzen und die Auberginenscheiben unter einmaligem Wenden goldgelb braten. Auf Küchenpapier abtropfen. Paprika, Kümmel, Koriander, Chili, Paprikapulver, Petersilie, frischen Koriander, Knoblauchzehen, Olivenöl, Minzeblätter, Zucker und 1 Teelöffel Salz im Mixer zu einer glatten Paste verarbeiten. Jeweils ½ Teelöffel der Harissa-Paste auf die Auberginenscheiben setzen, mit frischer Minze garnieren und servieren.

Tipp: Dieses Rezept ergibt mehr Harissa, als Sie benötigen. Sie hält sich gut verschlossen bis zu 5 Tagen im Kühlschrank und passt auch sehr gut zu gegrilltem Fisch, Hühnchen oder geröstetem Gemüse.

Zubereitungszeit: ca. 35 Minuten
(plus Zeit zum Durchziehen)
Pro Stück ca. 48 kcal/203 kJ
1 g E · 4 g F · 2 g KH

Rindfleisch-Canapées mit Tomatensalsa

Feigenrolle mit Pecorino

Süßkartoffel-Chips

Auberginenscheiben mit süßem Harissa und Minze

WHISKY SOUR Füllen Sie den Shaker zu ¾ mit
Eis. Geben Sie 60 ml Whisky, 30 ml Zitronensaft,
1 Tl feinsten Zucker und etwas Eiweiß darüber und
schütteln Sie kräftig. Durch ein Sieb in ein kleines
Cocktailglas mit Eis und einer Maraschino-Kirsche
abgießen. (Für 1 Portion)

Zubereitungszeit: ca. 5 Minuten
Pro Portion ca. 214 kcal/896 kJ
1 g E · 0 g F · 13 g KH

GIN FIZZ Geben Sie 60 ml Gin, 1 El Zitronensaft,
1 Tl feinsten Zucker und etwas Eiweiß in einen mit
Eis gefüllten Shaker. Schütteln Sie kräftig, geben Sie
den Drink in ein gekühltes Glas und füllen Sie ihn mit
Mineralwasser auf. (Für 1 Portion)

Zubereitungszeit: ca. 5 Minuten
Pro Portion ca. 200 kcal/844 kJ
1 g E · 0 g F · 9 g KH

GREYHOUND Geben Sie 60 ml Wodka, 100 ml frisch
gepressten Grapefruitsaft und 1 Spritzer Cointreau
oder Triple Sec in ein hohes Glas. Rühren Sie um und
füllen Sie mit Eis auf. (Für 1 Portion) Diesen Drink
kann man auch in einer großen Kanne servieren.

Zubereitungszeit: ca. 5 Minuten
Pro Portion ca. 188 kcal/787 kJ
0 g E · 0 g F · 9 g KH

NEGRONI Füllen Sie ein gekühltes Glas mit Eis und
geben Sie 30 ml Campari, 30 ml süßen Wermut und
30 ml Gin darauf. Rühren Sie leicht um und garnieren
Sie den Drink mit Orangenschale. (Für 1 Portion)

Zubereitungszeit: ca. 5 Minuten
Pro Portion ca. 137 kcal/574 kJ
0 g E · 0 g F · 8 g KH

Ceviche mit Kokos-Dressing

Thunfisch-Paprika-Spieße   Calamari mit Zitronen-Risotto

Ceviche mit Kokos-Dressing

Für 40 Portionen

500 g fester Weißfisch ohne Haut und Gräten

Saft von 3 Limetten

100 ml Kokoscreme

1 Tl frisch geriebener Ingwer

½ Tl Kurkuma

1 Tl Zucker

1 El fein gehackte frische Korianderwurzel

2 Frühlingszwiebeln, schräg in dünne Ringe geschnitten

Den Fisch in mundgerechte Stücke schneiden und in eine Glas- oder Keramikschale geben. Mit Limettensaft bedecken und 2 Stunden kalt stellen. Kokoscreme, Ingwer, Kurkuma, Zucker, Korianderwurzel und ½ Teelöffel Salz in einer Schüssel verrühren. Den Fisch abtropfen und in das Kokos-Dressing geben. Mit Frühlingszwiebeln bestreuen und servieren.

Zubereitungszeit: ca. 15 Minuten
(plus Zeit zum Kühlen)
Pro Portion ca. 16 kcal/69 kJ
2 g E · 1 g F · 1 g KH

Thunfisch-Paprika-Spieße

Für 20 Spieße

500 g Thunfischfilet

1 El Olivenöl

1 Tl gemahlener Koriander

2 Tl gemahlener Kreuzkümmel

125 g Zitronen-Mayonnaise*

1 El fein gehackte eingelegte Zitrone

1 El fein gehackte frische Korianderblätter

2 El Limettensaft

1 rote Paprika

20 kleine Holzspieße, 20 Minuten in heißem Wasser eingeweicht

Den Thunfisch in 2 cm große Würfel schneiden und in einer Schüssel mit Öl, gemahlenem Koriander und Kümmel vermischen. Auf die Seite stellen und 1 Stunde marinieren. Den Backofen auf 180 °C vorheizen. Die Mayonnaise in einer kleinen Schüssel mit Zitrone, Korianderblättern und Limettensaft verrühren. Die Paprika in 2 cm große Quadrate schneiden und jeweils 2 Stücke Paprika und Thunfisch auf jeden Spieß stecken. Auf ein Backblech legen und 5–7 Minuten backen. Mit Salz und frisch gemahlenem schwarzem Pfeffer würzen und mit der Mayonnaise servieren.

Zubereitungszeit: ca. 25 Minuten
(plus Zeit zum Marinieren)
Pro Stück ca. 105 kcal/440 kJ
6 g E · 9 g F · 1 g KH

Calamari mit Zitronen-Risotto

Für 24 Stück

750 ml Fisch- oder Gemüsebrühe, 30 g Butter

150 g klein gewürfelte Zwiebel, 1 Knoblauchzehe, zerdrückt

1 Tl frische Thymianblätter

220 g Arborio-Reis

3 Tl fein gehackte Zitronenschale, 2 El Zitronensaft

10 g grob gehackte frische glatte Petersilie

6 mittelgroße Kalmarmäntel, ca. 15 cm lang

Den Backofen auf 180 °C vorheizen. Die Brühe in einem Topf aufkochen und sanft köcheln lassen. Die Butter in einem mittelgroßen Topf bei mittlerer Hitze zerlassen und Zwiebel, Knoblauch und Thymian unter gelegentlichem Rühren 5–7 Minuten andünsten, bis die Zwiebel glasig ist. Reis und Zitronenschale hinzugeben und gut durchrühren. 125 ml Brühe zugießen und rühren, bis sie vollständig aufgenommen ist. Den Vorgang wiederholen, bis die Brühe vollständig verarbeitet und der Reis cremig und gar ist. Vom Herd nehmen und Zitronensaft, Petersilie, Salz und frisch gemahlenen schwarzen Pfeffer einrühren.
Die Kalmarmäntel mit dem Risotto füllen und mit 125 ml Wasser oder Brühe in eine Auflaufform geben. Mit Alufolie abdecken und 30 Minuten schmoren. Aus dem Ofen nehmen und kurz abkühlen lassen, dann in 2 cm dicke Scheiben schneiden.

Zubereitungszeit: ca. 1 Stunde · 10 Minuten
Pro Stück ca. 60 kcal/249 kJ
4 g E · 1 g F · 8 g KH

Nektarinen mit Ricotta und Parmaschinken

Für 24 Stück

3 große Nektarinen (ca. 500 g)

150 ml Apfelessig

2 Sternanis, 2 Gewürznelken

1 Tl klein geschnittener frischer Ingwer

1 große frische rote Chilischote

220 g Zucker

12 Scheiben Parmaschinken*, längs halbiert

250 g Ricotta

Die Nektarinen achteln. Den Essig mit Anis, Nelken, Ingwer, Chili, Zucker, 1 Teelöffel Salz und 300 ml Wasser in einem Topf zum Kochen bringen. Ein mittelgroßes Einmachglas mit kochendem Wasser füllen, einige Minuten warten und dann ausgießen. Die Nektarinen in dem Glas mit dem kochenden Essig bedecken und das Glas verschließen. Abkühlen lassen und mindestens 5 Tage in den Kühlschrank stellen. Die Nektarinenachtel halbieren. Die Schinkenscheiben auf einer Arbeitsfläche auslegen und jeweils 1 Nektarinenstück darauf setzen. Jeweils 1 gehäuften Teelöffel Ricotta darauf geben und einrollen.

Zubereitungszeit: ca. 25 Minuten
(plus Zeit zum Marinieren)
Pro Stück ca. 39 kcal/166 kJ
2 g E · 2 g F · 3 g KH

Nektarinen mit Ricotta und Parmaschinken

Rindfleischröllchen mit eingelegtem Ingwer   Chili-Hushpuppies

Krabben-Wantans mit Pflaumensauce

Krebsfleisch-Chili-Canapées

Rindfleischröllchen mit eingelegtem Ingwer

Für 15–20 Stück

300 g Rinderfilet

3 El Sojasauce

3 El Mirin*

1 El Pflanzenöl

200 g geriebener Daikon* oder Rettich

100 g geriebene Salatgurke

1 Tl geriebener frischer Ingwer

1 Tl Sesamöl

1 Nori-Blatt*

2 El eingelegter Ingwer

Das Filet längs halbieren. Jeweils 2 Esslöffel Sojasauce und Mirin in eine Keramikschale geben, das Fleisch hineingeben, abdecken und unter gelegentlichem Wenden über Nacht im Kühlschrank marinieren.

Das Öl in einer Pfanne stark erhitzen und das Fleisch rundum scharf anbraten. Mit Meersalz und frisch gemahlenem schwarzem Pfeffer würzen, mit Alufolie abdecken und abkühlen lassen. Daikon, Gurke, frischen Ingwer, Sesamöl, die restliche Sojasauce und Mirin in einer Schüssel verrühren. Das Nori-Blatt in 2 cm breite Streifen schneiden und jeden Streifen halbieren.

Das Fleisch hauchdünn aufschneiden. Jede Scheibe mit etwas Daikon-Salat und einem kleinen Stück eingelegtem Ingwer belegen und einrollen. Auf einen Nori-Streifen legen und einrollen. Die Röllchen mit der offenen Seite nach unten auf einen Servierteller setzen und servieren.

Zubereitungszeit: ca. 35 Minuten
(plus Zeit zum Marinieren)
Pro Portion ca. 31 kcal/130 kJ
3 g E · 1 g F · 1 g KH

Chili-Hushpuppies

Für 20 Stück

90 g Mehl

1 Tl Backpulver

1 Ei

20 g Butter, zerlassen

60 ml Milch

1 Tl Tabasco

Körner von zwei frischen Maiskolben

100 ml Pflanzenöl

Mehl, Backpulver, Ei, Butter und ½ Teelöffel Salz in einer Schüssel verrühren. Mit Milch und Tabasco zu einem dickflüssigen Teig verschlagen, dann den Mais hinzugeben. Das Öl bei mittlerer Hitze erhitzen. Den Teig löffelweise ins Öl geben und rundum goldbraun ausbacken. Aus der Pfanne heben und auf Küchenpapier abtropfen lassen. Warm servieren.

Zubereitungszeit: ca. 30 Minuten
Pro Stück ca. 65 kcal/271 kJ
1 g E · 4 g F · 5 g KH

Krabben-Wantans mit Pflaumensauce

Für 30 Stück

450 g rohe Krabben oder 210 g Krabbenfleisch, gehackt

75 g gehackte Wasserkastanien

4 fein gehackte Frühlingszwiebeln

2 El Mirin*

½ Tl Sesamöl

2 Tl Fischsauce

1 Ei

30 runde Wantan-Blätter*

Erdnussöl zum Frittieren

Pflaumensauce* zum Servieren

Das Krabbenfleisch mit Wasserkastanien, Frühlingszwiebeln, Mirin, Sesamöl, Fischsauce, 1 Teelöffel Meersalz und etwas gemahlenem schwarzem Pfeffer in einer Schüssel verrühren. Das Ei in einer kleinen Schüssel mit 60 ml Wasser verschlagen. Die Wantan-Blätter auf einer Arbeitsfläche auslegen und jeweils 1 Teelöffel der Krabbenfüllung in die Mitte setzen. Die Teigränder mit etwas Ei bestreichen, über der Füllung zusammennehmen und fest zudrehen. Auf ein mit Backpapier ausgelegtes Tablett setzen.

Das Öl in einem Wok oder einer tiefen Pfanne erhitzen und die Wantans goldbraun frittieren. Mit der Pflaumensauce servieren.

Zubereitungszeit: ca. 40 Minuten
Pro Stück ca. 85 kcal/356 kJ
3 g E · 5 g F · 7 g KH

Krebsfleisch-Chili-Canapées

Für 40 Stück

10 große Scheiben Weißbrot ohne Kruste

50 ml Olivenöl

250 g Krebsfleisch, klein geschnitten

2 El fein abgeriebene Zitronenschale

1 El natives Olivenöl extra

1 kleine rote Chilischote, entkernt und fein gehackt

5 g fein gehackte frische glatte Petersilie

2 Tl Zitronensaft

Den Backofen auf 160 °C vorheizen. Aus jeder Brotscheibe vier Kreise ausstechen. Auf ein Backblech legen, leicht mit Olivenöl bestreichen und goldbraun rösten. Abkühlen lassen. Das Krebsfleisch in einer Schüssel mit den übrigen Zutaten verrühren. Einen gehäuften Teelöffel der Mischung in die Mitte jedes Toasts geben und sofort servieren.

Tipp: Diese Mischung hält sich mehrere Stunden, kann also im Voraus zubereitet werden.

Zubereitungszeit: ca. 25 Minuten
(plus Zeit zum Abkühlen)
Pro Portion ca. 32 kcal/134 kJ
2 g E · 2 g F · 2 g KH

Rhabarber-Erdbeer-Sorbet mit Rum   Beeren-Sorbet

Mexican Shot

Wodka-Sorbet

Rhabarber-Erdbeer-Sorbet mit Rum

Für 2 Portionen

6 El eingekochter Rhabarber

6 Erdbeeren

60 ml weißer Rum

1 Tl Vanillearoma

8 Eiswürfel

Erdbeeren zum Garnieren

Alle Zutaten bis auf die Garnitur im Mixer glatt pürieren. In gekühlte Gläser füllen und jeweils mit einer kleinen Erdbeere garnieren.

Zubereitungszeit: ca. 5 Minuten
Pro Portion ca. 110 kcal/462 kJ
0 g E · 0 g F · 8 g KH

Beeren-Sorbet

Für 2 Portionen

6 Erdbeeren

110 g gefrorene Brombeeren

60 ml Zuckersirup*

60 ml Wodka

10 Eiswürfel

Alle Zutaten im Mixer zu einem Eisschnee mixen, in Cocktailgläser füllen und sofort servieren.

Zubereitungszeit: ca. 5 Minuten
Pro Portion ca. 223 kcal/937 kJ
1 g E · 1 g F · 34 g KH

Mexican Shot

Für 6 Portionen

90 ml Tequila

90 ml Tomatensaft

250 g grob gehackte Eiertomaten

1 El Chilisirup*

1 Tl Limettensaft

1 Tomate, klein gewürfelt

2 El fein gehackte frische Korianderblätter

Alle Zutaten bis auf die Tomatenwürfel und den Koriander im Mixer glatt pürieren. In eine kleine Gefrierschale geben und Tomatenwürfel und Koriander einrühren. Mehrere Stunden oder über Nacht ins Gefrierfach stellen. Mit einer Gabel auflockern, in Cocktailgläser füllen und sofort servieren.

Zubereitungszeit: ca. 10 Minuten
(plus Zeit zum Abkühlen)
Pro Portion ca. 44 kcal/187 kJ
1 g E · 0 g F · 3 g KH

Wodka-Sorbet

Für 6 Portionen

6 El Fruchtsorbet

125 ml Wodka

Das Sorbet auf 6 gekühlte Schnapsgläser verteilen und jeweils 1 Esslöffel Wodka darüber geben.

Zubereitungszeit: ca. 5 Minuten
Pro Portion ca. 97 kcal/406 kJ
0 g E · 0 g F · 12 g KH

Ripe Cherry

Für 2 Portionen

60 ml Crème de Cassis

30 ml Malibu (Kokoslikör)

30 ml weiße Crème de Cacao

Zerstoßenes Eis zum Servieren

Alle Zutaten bis auf das Eis in einen Shaker geben und kräftig schütteln. Das zerstoßene Eis auf Gläser verteilen, den Drink darüber geben und sofort servieren.

Zubereitungszeit: ca. 5 Minuten
Pro Portion ca. 164 kcal/688 kJ
0 g E · 0 g F · 18 g KH

Ripe Cherry

Frittierte Tofu-Würfel

Welsh Rarebit

Ziegenkäse-Canapées mit Birnen

Frittierte Tofu-Würfel

Für 6–8 Portionen

1 Eiweiß

2 Knoblauchzehen, zerdrückt

1 Tl geriebener frischer Ingwer

500 g fester Tofu, in 2 cm große Würfel geschnitten

3 El Zucker

2 Tl Limettensaft

1 Tl fein gehackte rote Chilischote

¼ klein gewürfelte Salatgurke

2 El fein gehackte frische Korianderblätter

2 El Maisstärke

1 El gemahlener Szechuan-Pfeffer, 1 Tl feinster Zucker

1 kleine rote Chilischote (zusätzlich), entkernt und fein gehackt

300 ml Erdnussöl, zum Braten

1 El fein gehackte frische Korianderblätter zum Servieren

Das Eiweiß leicht aufschlagen, dann Knoblauch, Ingwer und Tofu hineingeben. Vermischen, abdecken und über Nacht kalt stellen. Den Zucker mit 80 ml Wasser in einem kleinen Topf aufkochen. Abkühlen lassen, Limettensaft, Chili, Gurke und Koriander hineingeben und auf die Seite stellen. Die Maisstärke in einer flachen Schale mit Pfeffer, Zucker, zusätzlicher Chilischote, 1 Esslöffel Meersalz und jeweils 1 Teelöffel frisch gemahlenem weißen und schwarzen Pfeffer verrühren.

Das Öl in einer tiefen Pfanne bei mittlerer Hitze erhitzen. Den Tofu im Würzmehl wenden, kurz abschütteln und in mehreren Portionen etwa 1 Minute frittieren, bis er leicht Farbe annimmt. Auf Küchenpapier abtropfen und sofort mit Koriander bestreut zur Gurkensauce servieren.

Zubereitungszeit: ca. 30 Minuten
(plus Zeit zum Marinieren und Abkühlen)
Pro Portion ca. 318 kcal/1328 kJ
10 g E · 25 g F · 12 g KH

Welsh Rarebit

Für 36 Stück

30 g Butter, 2 El Mehl

2 Tl körniger Senf

125 ml Schwarzbier

½ Tl Worcestersauce

150 g reife Cheddar, gerieben

9 Scheiben Weißbrot ohne Kruste, leicht getoastet

Den Backofen auf 180 °C vorheizen. Die Butter in einem kleinen Topf bei mittlerer Hitze zerlassen und das Mehl einrühren. 1 Teelöffel Salz, etwas frisch gemahlenen schwarzen Pfeffer und den Senf hinzugeben und rühren, bis die Mischung eine goldbraune Farbe annimmt. Bier und Worcestersauce zugießen und rühren, bis die Mischung dickflüssig ist. Drei Viertel des Käses hineingeben und unter Rühren schmelzen. Die Toasts dick mit der Mischung bestreichen und mit dem restlichen Käse bestreuen. 10 Minuten im Ofen überbacken, in Quadrate schneiden und warm servieren.

Zubereitungszeit: ca. 30 Minuten
Pro Stück ca. 46 kcal/192 kJ
2 g E · 2 g F · 4 g KH

Ziegenkäse-Canapées mit Birnen

Für 50 Stück

1 Tl Trockenhefe, 1 Tl Zucker

190 g Mehl, 30 g fein gehackte Walnüsse

1 El Walnussöl, 150 g Ziegenfrischkäse

125 ml Sahne, 2 reife Birnen

Die Hefe in einer kleinen Schüssel mit Zucker und 125 ml warmem Wasser verrühren. Abdecken und 10 Minuten an einem warmen Ort schaumig werden lassen. Mehl, Walnüsse und ¼ Teelöffel Salz in eine Schüssel geben, eine Mulde in die Mitte drücken und die Hefemischung hineingeben. Zu einem Teig verkneten, zu einer Kugel formen und auf einer leicht mit Mehl bestäubten Fläche geschmeidig kneten. In eine eingeölte Schüssel geben, abdecken und 1 Stunde an einem warmen Ort zu doppelter Größe aufgehen lassen.

Den Teig flach schlagen, halbieren und jeweils zu einer 23 cm langen und 3 cm dicken Rolle formen. Jede Rolle zu einer lockeren Spirale legen und auf ein eingefettetes Backblech legen. Abdecken und 40 Minuten an einem warmen Ort auf doppelte Größe gehen lassen. Den Backofen auf 180 °C vorheizen. Die Spiralen 25–30 Minuten goldgelb backen und auf einem Kuchengitter abkühlen lassen. Jedes Walnussbrot in 5 mm dicke Scheiben schneiden. Die Ofentemperatur auf 160 °C reduzieren. Die Scheiben auf ein Backblech legen und 8–10 Minuten knusprig backen. Auf Kuchengittern abkühlen lassen. Ziegenkäse und Sahne verrühren und mit Salz und frisch gemahlenem schwarzem Pfeffer abschmecken. Jede Brotscheibe mit etwas Ziegenkäse bestreichen. Birnen in dünne Spalten schneiden und auf den Ziegenkäse setzen.

Zubereitungszeit: ca. 1 Stunde · 15 Minuten
(plus Zeit zum Gehen und Abkühlen)
39 kcal/164 kJ
1 g E · 2 g F · 4 g KH

Melonenwürfel

Für etwa 25 Stück

½ große entkernte Wassermelone

50 g Schafskäse

1 Tl Gewürz-Sumach*

6 schwarze Oliven, entkernt und in Streifen geschnitten

1 ½ El fein gehackte frische glatte Petersilie

1 Tl fein gehackte frische Thymianblätter

Das Fruchtfleisch der Melone in 3 cm große Würfel schneiden. Mit einem Kugelausstecher auf der Oberseite jedes Würfels eine Mulde ausstechen. Den Käse in 1 cm große Würfel schneiden und jeweils 1 Würfel auf jeden Melonenwürfel setzen. Sumach, Oliven, Petersilie und Thymian in einer kleinen Schüssel mischen und über die Käsewürfel streuen. Sofort servieren.

Zubereitungszeit: ca. 15 Minuten
Pro Stück ca. 13 kcal/54 kJ
0 g E · 1 g F · 1 g KH

Melonenwürfel

5 Am Abend

Basics

Süßes Finale

Lassen Sie den Abend mit einer süßen Note ausklingen. Reichen Sie am Ende einer Party, zum Abschluss eines Theaterabends oder um sich und Ihre Freunde zu verwöhnen, kleine Desserts und leckere Kaffee-Kreationen.

Heiße Drinks

Der letzte Kaffee am Ende des Tages sollte klein, aromatisch und süß sein. Verfeinern Sie ihn mit etwas Vanille oder einigen Kardamomkernen in der Kanne oder Tasse. Da nicht jeder abends gerne Kaffee trinkt, sollten Sie auch immer eine Auswahl an Kräuter- oder aromatisierten Tees im Hause haben.

Wärmendes für den Winter

Was gibt es Besseres in der kalten Jahreszeit als eine Auswahl wärmender Liköre und süßer Früchte, wie reife Feigen in Grand Marnier oder Birnenspalten in Frangelico. Oder nehmen Sie einen alten Winterklassiker und bereiten Sie einen großen Krug Glühwein zu. Ideale Begleiter sind Ingwerbrot, gewürzte Biscotti und eine Schale mit Likör verfeinerter Crème fraîche*.

Kalte Erfrischungen

Stellen Sie immer auch einen Krug mit kaltem Wasser oder Limonaden mit auf den Tisch. Den richtigen Pepp geben Sie dem Wasser mit einem Spritzer Zitronensaft, Zitronensirup, Orangenblütenwasser* oder etwas Rosenwasser*.

Essbares Gold

Verleihen Sie Ihren Desserts exotischen Glanz mit essbarer Gold- und Silberfolie aus dem Feinkostgeschäft oder dem indischen Lebensmittelhandel. Ziehen Sie die Folie vorsichtig an einer Ecke vom Papier und berühren Sie sie so wenig wie möglich, damit sie sich nicht in der Hand auflöst. Überziehen Sie damit Plätzchen, rühren Sie sie in Gelee oder in Ihren Mitternachts-Cocktail.

Sanfte Stimmung

Grelle Lichter mögen in der Club-Szene beliebt sein, doch eine schöne Party lässt man am besten ruhig ausklingen. Die perfekten Zutaten sind viele Teelichter, weiche Kissen, ruhige Musik und herrlich duftende Blumen.

Sanfte Stimmung

Kalte Erfrischungen

Heiße Drinks

Essbares Gold

Wärmendes für den Winter

Gute Ideen

Erfrischendes Obst

Am Ende einer langen Sommerparty ist saftiges Obst eine schöne Erfrischung. Stellen Sie Schalen mit Kirschen, Erdbeeren, gekühlter Wassermelone und Ananas oder auch beschwipste Melonenbällchen bereit.

Kaffee-Kreationen

Einige Leute mögen ihren Kaffee nur pur, aber es ist schön, einige süße Variationen anbieten zu können. Füllen Sie kleine Kaffeegläser mit Vanille-, Haselnuss- oder Schokoladeneis und geben Sie einfach einen frischen Espresso darüber.

Schoko-Beeren

Schmelzen Sie 50 g weiße Schokolade in 100 ml Sahne und geben Sie etwas Zimt und 1–2 El Crème de Cacao hinzu. Lassen Sie die Schokolade abkühlen und geben Sie sie über die Beeren.

Frucht-Sorbets

Kaufen Sie eine Auswahl an
Frucht-Sorbets und servieren
Sie kleine Bällchen in kleinen
gekühlten Gläsern mit etwas
Himbeerpüree.

Süße Leckereien

Auch kleine Leckereien sind ein schöner Abschluss
für den Abend. Reichen Sie eine Auswahl an Nougat,
Fudge, türkischem Honig und Nuss-Krokant aus der
Konditorei.

Edle Schokolade

Verwöhnen Sie Ihre Gäste mit einem Stück edler
Konditor-Schokolade, die Sie in Stücke brechen
und zu Muskateller-Rosinen servieren.

Kleine Verführungen

Eine schöne Idee sind auch Mini-Versionen Ihrer
Lieblingsdesserts wie beispielsweise Mini-Soufflées,
kleine Crème Brûlée in chinesischen Suppenlöffeln
oder gezuckerte Kuchenwürfel.

Quitten-Tarteletts mit Rosenwasser   Feigen-Tarteletts

Milchreis mit Erdbeeren

Quitten-Tarteletts mit Rosenwasser

Für 12 Stück

90 g Quittenpaste*

80 ml Orangensaft

120 g Mascarpone*

½ Tl Rosenwasser*

2 Tl Puderzucker

1 El fein gemahlene Mandeln (Mandelmehl), leicht geröstet

12 vorgebackene Tarteletts*

Die Quittenpaste mit dem Orangensaft in einer Schüssel über dem heißen Wasserbad schmelzen. Gründlich durchrühren und abkühlen lassen.
Den Mascarpone mit Rosenwasser, Puderzucker und Mandelmehl verrühren. In die Tarteletts geben und mit der abgekühlten Quittenpaste garnieren.

Zubereitungszeit: ca. 15 Minuten
(plus Zeit zum Abkühlen)
Pro Stück ca. 116 kcal/485 kJ
1 g E · 8 g F · 11 g KH

Feigen-Tarteletts

Für 12 Stück

60 g Honig

120 g Mascarpone*

12 vorgebackene Tarteletts*

3 frische Feigen, dünn aufgeschnitten

40 g grob gehackte geröstete Haselnüsse

1 El Puderzucker

Honig und Mascarpone in einer Schüssel glatt rühren. In die Tarteletts geben und mit Feigenscheiben und Haselnüssen dekorieren. Mit Puderzucker bestäuben und servieren.

Zubereitungszeit: ca. 10 Minuten
Pro Stück ca. 132 kcal/553 kJ
2 g E · 9 g F · 11 g KH

Milchreis mit Erdbeeren

Für 10 kleine oder 6 normale Portionen

500 ml Milch

60 g Zucker

2 Tl fein abgeriebene Orangenschale

3 Kardamom-Kapseln

75 g Rundkornreis

125 ml Sahne, geschlagen

60 g Pistazien, gehackt

300 g Erdbeeren

Die Milch mit Zucker, Orangenschale, Kardamom-Kapseln und einer Prise Salz aufkochen und den Reis hineingeben. Die Temperatur reduzieren und 30 Minuten sanft köcheln lassen, bis der Reis gar ist. Die Kardamom-Kapseln entfernen. Den Reis abkühlen lassen, dann die Sahne mit der Hälfte der Pistazien unterziehen. Reis und Erdbeeren in kleine Glasschalen schichten, dabei mit dem Reis beginnen und mit den Früchten abschließen. Mit den restlichen Pistazien bestreuen.

Zubereitungszeit: ca. 40 Minuten
(plus Zeit zum Abkühlen)
Pro Portion ca. 162 kcal/680 kJ
4 g E · 9 g F · 17 g KH

Marinierte Himbeeren mit Kokos-„Eis"

Für 10 kleine oder 4 normale Portionen

60 ml Orangensaft

1 El Grand Marnier nach Belieben

400 g Himbeeren

60 ml Milch

125 g Zucker

110 g Puderzucker

45 g Kokosflocken

10 g Butter

½ Tl Orangenblütenwasser*

2 Tropfen rosa Lebensmittelfarbe

Orangensaft und Grand Marnier in eine kleine Schüssel geben, vorsichtig die Himbeeren einrühren und 30 Minuten marinieren. Die Milch mit beiden Sorten Zucker aufkochen und 3 Minuten sanft köcheln lassen. Kokosflocken und Butter einrühren und 1 weitere Minute kochen, dann Orangenblütenwasser und Lebensmittelfarbe hinzufügen. Vom Herd nehmen und rühren, bis die Mischung fein krümelig ist. Die Himbeeren in kleine Dessertschalen geben und mit dem Kokos-„Eis" bestreuen.

Zubereitungszeit: ca. 15 Minuten
(plus Zeit zum Marinieren)
Pro Portion ca. 152 kcal/637 kJ
1 g E · 4 g F · 27 g KH

Marinierte Himbeeren mit Kokos-„Eis"

RUSTY NAIL Geben Sie 30 ml Whisky, 30 ml Drambuie und 3 Eiswürfel in ein gekühltes Glas und rühren Sie gut um. (Für 1 Portion) Der Rusty Nail ist der perfekte „Absacker" für Winterabende und kann nach Belieben mit oder ohne Eis serviert werden.

Zubereitungszeit: ca. 5 Minuten
Pro Portion ca. 148 kcal/618 kJ
0 g E · 0 g F · 9 g KH

BRANDY ALEXANDER Geben Sie 50 ml Brandy, 30 ml Crème de Cacao, 1 El Sahne und 3–4 Eiswürfel in den Shaker und schütteln Sie ihn mehrfach kräftig. Geben Sie den Drink in ein Cocktailglas und garnieren Sie ihn mit etwas Muskatpulver. (Für 1 Portion)

Zubereitungszeit: ca. 5 Minuten
Pro Portion ca. 220 kcal/922 kJ
0 g E · 3 g F · 10 g KH

PEACH TREE Füllen Sie einen kleinen Tumbler mit Eis und geben Sie 60 ml Pfirsichsirup und 60 ml dunklen Jamaika Rum darüber. Rühren Sie den Drink gut um und garnieren Sie ihn mit einer Limettenspalte. (Für 1 Portion)

Zubereitungszeit: ca. 5 Minuten
Pro Portion ca. 312 kcal/1306 kJ
0 g E · 0 g F · 42 g KH

SOUR CHERRY BLOSSOM Geben Sie 1 El Sahne, 60 ml Gin, 60 ml Sauerkirschsaft, 1 Eiweiß und 1 El Crème de Cassis in einen halb mit Eis gefüllten Shaker. Schütteln Sie ihn kräftig und geben Sie den Drink in kleine gekühlte Cocktailgläser. (Für 2 Portionen)

Zubereitungszeit: ca. 5 Minuten
Pro Portion ca. 120 kcal/506 kJ
2 g E · 0 g F · 5 g KH

Eiscreme-Trifle mit türkischem Honig

Feige „Surprise"

Karamellcreme mit Schokoladenhaube

Am Abend

Eiscreme-Trifle mit türkischem Honig

Für 6 Portionen
250 g Himbeeren oder Erdbeeren
2 Riegel türkischer Honig*
12 Schokoplätzchen
500 ml Vanille-Eiscreme, in Bällchen
75 g abgezogene Mandeln, geröstet

Die Beeren zu einer Sauce pürieren und auf die Seite stellen. Den türkischen Honig in kleine Würfel schneiden. Die Plätzchen klein brechen und auf die Seite stellen. Eiscreme, Plätzchen, türkischen Honig und Mandeln in 6 gekühlte Gläser schichten und die Beerensauce darüber geben. Sofort servieren.

Zubereitungszeit: ca. 15 Minuten
Pro Portion ca. 296 kcal/1239 kJ
6 g E · 14 g F · 35 g KH

Feige „Surprise"

Für 24 Stück
3 große frische Feigen
2 Tl fein gehackter kandierter Ingwer
2 El brauner Zucker
¼ Tl abgeriebene Zitronenschale
¼ Tl Zimtpulver
3 Blätter Filoteig
50 g Butter, zerlassen
Puderzucker zum Bestäuben
500 ml Vanille-Eiscreme zum Servieren

Den Backofen auf 200 °C vorheizen. Jede Feige in 8 Spalten schneiden. Den Ingwer in einer kleinen Schüssel mit braunem Zucker, Zitronenschale und Zimt verrühren. Jedes Teigblatt in 8 gleich große Stücke schneiden. Ein Teigblatt dünn mit zerlassener Butter bestreichen. Eine Feigenspalte auf ein Ende legen, so dass das Stielende über den Teig ragt. Ein wenig Zuckermischung auf die Feige geben und den Teig aufrollen, so dass das Stielende herausragt. Mit dem restlichen Teig wiederholen und die Feigen auf ein mit Backpapier ausgelegtes Backblech legen. 7–10 Minuten goldbraun backen und auf einem Kuchengitter abkühlen lassen. Mit Puderzucker bestäuben und warm mit Vanille-Eiscreme servieren.

Zubereitungszeit: ca. 35 Minuten
(plus Zeit zum Abkühlen)
Pro Stück ca. 78 kcal/328 kJ
1 g E · 4 g F · 9 g KH

Karamellcreme mit Schokoladenhaube

Für 10 Portionen
375 ml Sahne, 250 ml Milch
Mark von 1 Vanilleschote
5 Eigelb
180 g Zucker
30 g Zartbitterschokolade, gerieben
Kakaopulver zum Servieren

Den Backofen auf 150 °C vorheizen. Sahne, Milch und Vanillemark in einem Topf erhitzen, aber nicht kochen. Vom Herd nehmen. Die Eigelbe in einer großen Schüssel mit 60 g Zucker und 1 Prise Salz cremig schlagen. Den restlichen Zucker in einem schweren Topf bei mittlerer Hitze schmelzen. Wenn er eine goldbraune Farbe angenommen hat, die heiße Milch zugießen und verschlagen, bis sich der Karamell aufgelöst hat. Die heiße Mischung über die Eicreme geben und verschlagen. In zehn 100 ml-Ramequin-Förmchen füllen. Die Förmchen in einen Bräter stellen und den Bräter bis zu ⅔ Höhe der Förmchen mit heißem Wasser füllen. Mit Alufolie abdecken und 20–25 Minuten backen. Aus dem Ofen nehmen und die Folie entfernen. Die Creme mit der geriebenen Schokolade bedecken und die Ränder der Förmchen sauber wischen. Abkühlen lassen und mit Kakaopulver bestreut servieren.

Zubereitungszeit: ca. 45 Minuten
(plus Zeit zum Abkühlen)
Pro Portion ca. 255 kcal/1069 kJ
4 g E · 17 g F · 22 g KH

Calvados-Gelee

Für 25 Würfel
250 g Zucker
1 Zimtstange, 2 Sternanis
4 Streifen Zitronenschale
500 ml Apfelschnaps oder Calvados
12 Gelatineblätter
3 Blätter essbare Silberfolie*

500 ml Wasser mit Zucker, Zimt, Anis und Zitronenschale in einem kleinen Topf unter Rühren zum Kochen bringen, bis der Zucker gelöst ist. Die Temperatur reduzieren und den Sirup 10 Minuten köcheln lassen. Den Sirup leicht abkühlen lassen, in eine Schüssel abseihen und den Schnaps zugießen. Die Gelatine 5 Minuten in einer Schale mit kaltem Wasser einweichen. Ausdrücken und in die Schüssel mit dem warmen Schnaps geben. Rühren, bis sich die Gelatine aufgelöst hat, und in eine mit Frischhaltefolie ausgeschlagene Auflaufform (20 x 30 cm) füllen. Mehrere Stunden oder über Nacht kalt stellen, dann in Würfel schneiden und servieren.

Zubereitungszeit: ca. 25 Minuten
(plus Zeit zum Abkühlen)
106 kcal/445 kJ
1 g E · 0 g F · 10 g KH

Calvados-Gelee

Würzige Cantuccini mit Marsala-Mascarpone

Mini-Tiramisu

Kleine Likör-Eis

Eiscreme-Waffeln

Würzige Cantuccini mit Marsala-Mascarpone

Für etwa 120 Cantuccini
250 g Mehl
22 g feinster Zucker
2 Tl Backpulver
100 g getrocknete Feigen, klein geschnitten
50 g getrocknete Aprikosen, klein geschnitten
150 g Mandelsplitter
2 Tl gehackte Zitronenschale
¼ Tl gemahlenes Kardamom
1 Tl Zimtpulver
3 Eier, verschlagen
200 g Mascarpone*
2 El Marsala
1 El feinster Zucker (zusätzlich)

Den Backofen auf 180 °C vorheizen. Das Mehl in einer
großen Schüssel mit Zucker, Backpulver, Trockenobst,
Mandeln, Zitronenschale, Kardamom und Zimt mischen und
eine Mulde in die Mitte drücken. Mit den Eiern zu einem
feuchten Teig verkneten. Den Teig in vier Portionen teilen
und jede Portion zu einer 4 cm dicken Rolle formen. Die
Rollen mit Abstand auf ein mit Backpapier ausgelegtes
Backblech legen und 30 Minuten backen. Aus dem Ofen
nehmen und abkühlen lassen. Die Ofentemperatur auf
140 °C reduzieren. Die Rollen mit einem scharfen
Brotmesser in 5 mm dicke Scheiben schneiden. Die
Cantuccini auf einem Backblech auslegen und unter
einmaligem Wenden 30 Minuten backen. Aus dem Ofen
nehmen und auf Kuchengittern abkühlen lassen.
Den Mascarpone in einer kleinen Schüssel mit Marsala und
dem zusätzlichen Zucker glatt rühren. Die Cantuccini mit
dem Mascarpone servieren.

Zubereitungszeit: ca. 1 Stunde · 20 Minuten
(plus Zeit zum Abkühlen)
Pro Stück ca. 36 kcal/150 kJ
1 g E · 3 g F · 4 g KH

Eiscreme-Waffeln

Für 5 Stück
30 g Kokosflocken, 55 g feinster Zucker, 1 Tl Mehl
¼ Tl Backpulver
40 g Butter, zerlassen
1 Eiweiß, 500 ml Vanille-Eiscreme

Den Backofen auf 160 °C vorheizen. Kokosflocken,
Zucker, Mehl und Backpulver in einer Schüssel mischen.
Die Butter einrühren, dann mit dem Eiweiß glatt schlagen.
Ein Backblech mit Backpapier auslegen und 1 Esslöffel
des Teigs dünn auf dem Papier verstreichen. 7 Minuten
hell goldgelb backen. Leicht abkühlen lassen und dann
in Quadrate schneiden. Den Vorgang wiederholen, bis
der gesamte Teig verarbeitet ist. Eine Schicht Eiscreme
zwischen zwei Waffeln geben und sofort servieren.

Zubereitungszeit: ca. 30 Minuten
(plus Zeit zum Abkühlen)
Pro Stück ca. 260 kcal/1090 kJ
3 g E · 17 g F · 24 g KH

Mini-Tiramisu

Für 24 Stück
Für den Kaffee-Sirup:
2 El Zucker
125 ml starker schwarzer Kaffee
125 ml Tia Maria
Für die Kaffee-Küchlein:
60 ml starker schwarzer Kaffee
2 Eier
100 g weiche Butter
190 g Zucker
190 g Mehl, 2 Tl Backpulver
55 g fein gemahlene Mandeln (Mandelmehl)
Mascarpone-Füllung:
1 El Zucker
2 Eigelb, 125 ml Marsala
250 g Mascarpone*
30 g Kakaopulver zum Bestäuben

Zucker und Kaffee in einem kleinen Topf aufkochen und
5 Minuten köcheln lassen. Vom Herd nehmen, abkühlen
lassen und den Tia Maria einrühren.
Den Backofen auf 180 °C vorheizen. Alle Zutaten für die
Küchlein im Mixer glatt rühren. Die Mischung löffelweise in
Papier-Backförmchen füllen und 12 Minuten backen. Auf
Kuchengittern abkühlen lassen. Den Zucker für die Füllung
in einem Rührkessel über dem heißen Wasserbad mit
Eigelben und Marsala schaumig schlagen. Kalt stellen.
Den Mascarpone unterziehen.
Mit einem scharfen Messer Deckel von den Küchlein
abschneiden und die Küchlein leicht aushöhlen. 1 Esslöffel
Kaffee-Sirup und dann 1 Esslöffel Mascarpone hineingeben,
die Deckel wieder aufsetzen und mit Kakaopulver be-
stäuben. Vor dem Servieren mehrere Stunden ruhen lassen.

Zubereitungszeit: ca. 40 Minuten
(plus Zeit zum Abkühlen)
Pro Stück ca. 198 kcal/836 kJ
3 g E · 11 g F · 19 g KH

Kleine Likör-Eis

Für 6 Portionen
12 kleine Bällchen Haselnuss-Eiscreme
60 g Zartbitterschokolade, gerieben
100 ml Amaretto

Eiscreme und Schokolade auf 6 kleine Gläser verteilen und
den Likör darüber geben.
Tipp: Sie können mit verschiedenen Eiscreme- und
Likörsorten experimentieren. Kombinieren Sie z. B.
Schokoladeneis mit Tia Maria, Kaffee-Eis mit Crème
de Cacao oder Vanilleeis mit Grand Marnier.

Zubereitungszeit: ca. 5 Minuten
Pro Portion ca. 185 kcal/778 kJ
2 g E · 9 g F · 19 g KH

Heiße Schokolade   Hot Toddy

Sambucca   Kater-Drink

Heiße Schokolade

Für 4 Portionen
200 ml Milch
60 g Zartbitterschokolade, gerieben
4 El Amaretto

Milch und Schokolade bei schwacher Hitze in einem kleinen Topf verrühren, bis die Schokolade geschmolzen ist. Auf 4 Schnaps- oder Cocktailgläser verteilen und jeweils 1 Esslöffel Amaretto darüber geben. Sofort servieren.
Tipp: Hier eignet sich jeder süße Likör wie z. B. Malibu, Drambuie, Grand Manier, Crème de Cacao oder Tia Maria.

Zubereitungszeit: ca. 10 Minuten
Pro Portion ca. 130 kcal/549 kJ
3 g E · 7 g F · 12 g KH

Hot Toddy

Für 1 Portion
½ Tl brauner Zucker
1 Streifen Zitronenschale
1 Gewürznelke
1 Zimtstange
60 ml Whisky

Alle Zutaten in ein Glas geben und mit kochendem Wasser auffüllen.

Zubereitungszeit: ca. 5 Minuten
Pro Portion ca. 166 kcal/694 kJ
0 g E · 0 g F · 4 g KH

Smooth Sambucca

Für 1 Portion
30 ml Crème de Cacao
30 ml Sambucca

Die Crème de Cacao in ein Schnapsglas geben und dann den Sambucca über einen Löffelrücken darüber laufen lassen, so dass sich zwei deutlich getrennte Schichten bilden.

Zubereitungszeit: ca. 5 Minuten
Pro Portion ca. 158 kcal/662 kJ
0 g E · 0 g F · 18 g KH

Kater-Drink

Für 1 Portion
60 ml Fernet-Branca
30 ml Vermouth Rosso
1 El Crème de Menthe
Eis zum Servieren

Die drei Liköre über das Eis geben, gut durchrühren und servieren.

Zubereitungszeit: ca. 5 Minuten
Pro Portion ca. 220 kcal/921 kJ
0 g E · 0 g F · 13 g KH

Chilled Knight

Für 15–20 Portionen
500 ml Vermouth Rosso
1 El Fernet-Branca
100 g Rosinen
Schale von 2 Orangen
5 Kardamom-Kapseln, zerdrückt
6 Gewürznelken
1 El geriebener frischer Ingwer
2 Zimtstangen
300 g Zucker
1,5 l Rotwein, gekühlt
100 ml brauner Rum
300 g abgezogene Mandeln, geröstet

Vermouth, Fernet-Branca, Rosinen, Orangenschale, Kardamom, Nelken, Ingwer, Zimt und Zucker in einem Topf bei mittlerer Hitze zum Kochen bringen. Die Temperatur reduzieren und 10 Minuten köcheln lassen. Vom Herd nehmen und abkühlen lassen. Wein, Rum und Mandeln hinzugeben und in eine Punschschale oder einen großen Krug füllen.
Tipp: Der Chilled Knight kann sowohl als kaltes Sommergetränk als auch erwärmt als winterlicher Glühwein serviert werden.

Zubereitungszeit: ca. 15 Minuten
Pro Portion ca. 243 kcal/1019 kJ
3 g E · 8 g F · 22 g KH

Chilled Knight

Gefüllte Blätterteig-Krapfen

Für 10 Stück

30 g getrocknete Pfirsiche, gehackt

30 g Korinthen

¼ Tl Muskatpulver

¼ Tl Pimentpulver

¼ Tl Zimtpulver

1 Tl feinster Zucker

2 El Orangensaft

1 Tl fein gehackte Orangenschale

2 Tl fein gehackte Zitronenschale

2 Rollen frischer Blätterteig

Milch zum Glasieren

Puderzucker zum Bestäuben

Alle Zutaten außer Teig und Milch in einer Schüssel verrühren. Mit einem 8 cm-Ausstecher 10 Kreise aus dem Teig ausstechen. 1 Teelöffel der Fruchtmischung auf eine Hälfte jedes Teigkreises geben und die andere Hälfte darüber schlagen. Die Teigränder mit einer Gabel oder den Fingerspitzen zusammendrücken. Die Oberseite jedes Krapfens mehrfach mit einem scharfen Messer einschneiden. Die Krapfen auf ein mit Backpapier ausgelegtes Backblech legen, die Oberseiten mit etwas Milch bestreichen und 12–15 Minuten goldbraun backen. Aus dem Ofen nehmen und leicht mit Puderzucker bestäuben.

Zubereitungszeit: ca. 35 Minuten
Pro Stück ca. 171 kcal/713 kJ
2 g E · 9 g F · 19 g KH

Ingwer-Herzen

Für 36 Stück

250 g Mehl

1 Tl Backpulver

3 Tl Ingwerpulver

1 Tl Zimtpulver

1 Prise gemahlene Gewürznelken

85 g weiche Butter

110 g brauner Zucker

1 Ei

1 El Melasse*

60 g Rohrzucker

Den Backofen auf 180 °C vorheizen. Mehl, Backpulver und Gewürze in eine Schüssel sieben. In einer zweiten Schüssel Butter und braunen Zucker locker aufschlagen, das Ei hinzugeben und gut verschlagen. Die Melasse einrühren. Diese Mischung gründlich mit den Trockenzutaten verkneten und zu einer Kugel formen. Den Teig zwischen zwei Blättern Backpapier auf 5 mm Dicke ausrollen. Mit einem 5 cm-Ausstecher Herzen ausstechen und gleichmäßig mit Rohrzucker bestreuen. Auf ein Backblech legen, 12 Minuten backen und auf einem Kuchengitter abkühlen lassen.

Zubereitungszeit: ca. 35 Minuten
(plus Zeit zum Abkühlen)
Pro Stück ca. 64 kcal/270 kJ
1 g E · 2 g F · 10 g KH

Schoko-Trüffel

Für 25 Stück

125 g Zartbitterschokolade

50 g saure Sahne

2 Tl fein abgeriebene Orangenschale

⅛ Tl gemahlener Kardamom

30 g Kakaopulver

Die Schokolade in einem Rührkessel im heißen Wasserbad schmelzen, dann saure Sahne, Orangenschale und Kardamom einrühren. 30 Minuten im Kühlschrank fest werden lassen.
Das Kakaopulver in eine flache Schale geben. Nacheinander jeweils 1 Teelöffel der Schokoladenmischung im Kakaopulver wenden, dann in der Hand zu einer Kugel formen und erneut im Kakao rollen. Die fertigen Trüffel in einem luftdicht schließenden Gefäß aufbewahren.

Zubereitungszeit: ca. 15 Minuten
(plus Zeit zum Abkühlen)
Pro Stück ca. 30 kcal/126 kJ
1 g E · 2 g F · 2 g KH

Chocolate Brownies

Für etwa 35 Stück

125 g Butter

125 g Zartbitterschokolade

4 Eier

300 g feinster Zucker

125 g Mehl

30 g Kakaopulver

1 Tl Vanillearoma

60 g grob gemahlene Haselnüsse

Puderzucker oder Kakaopulver zum Bestäuben

Den Backofen auf 180 °C vorheizen. Butter und Schokolade in einem mittelgroßen Topf unter ständigem Rühren bei schwacher Hitze schmelzen. 10 Minuten abkühlen lassen. Eier und Zucker in einer großen Schüssel luftig aufschlagen, dann nach und nach die Schokoladenmischung unterziehen. Mehl, Kakaopulver, Vanillearoma, Haselnüsse und 1 Prise Salz einrühren. Den Teig in eine mit Backpapier ausgeschlagene 20 x 30 cm große Backform füllen und 30 Minuten backen, bis sich die Ränder von der Form lösen. In der Form abkühlen lassen. In kleine Quadrate schneiden und zum Servieren mit Puderzucker oder Kakaopulver bestäuben.

Zubereitungszeit: ca. 50 Minuten
(plus Zeit zum Abkühlen)
Pro Stück ca. 117 kcal/490 kJ
2 g E · 6 g F · 14 g KH

Gefüllte Blätterteig-Krapfen

Schoko-Trüffel

Ingwer-Herzen

Chocolate Brownies

Glossar

Bambusdämpfer

Dieser preiswerte asiatische Dämpf-einsatz aus Bambus besitzt einen Deckel und einen durchbrochenen Boden. Die Speisen werden in den Einsatz gegeben und dann zum Garen auf einen Topf mit kochendem Wasser gestellt. Man erhält ihn in asiatischen Lebensmittelgeschäften.

Briocheteig

50 ml Milch
½ Päckchen Trockenhefe
250 g Mehl
35 g feinster Zucker
3 Eier
125 g weiche Butter

Die Milch in einem kleinen Topf lauwarm erwärmen. Vom Herd nehmen und mit der Hefe und 3 El Mehl in die Rühr-schüssel der Küchenmaschine geben. 10 Minuten stehen lassen, um die Hefe zu aktivieren. Sobald sich Schaum an der Oberfläche bildet, das restliche Mehl, Zucker, Eier und 1 Tl Meersalz hinzugeben und langsam verrühren. Der Teig sollte nach einigen Minuten binden. Langsam die Butter zugeben und mit höherer Geschwindigkeit rühren, bis der Teig glänzend und elastisch ist. In eine Schüssel geben und mit Frischhaltefolie abgedeckt mindestens 4 Stunden kalt stellen.

Zubereitungszeit: ca. 15 Minuten
(plus Zeit zum Ruhen)
Insgesamt ca. 2230 kcal/9332 kJ
51 g E · 128 g F · 218 g KH

Bocconcini

Dies sind kleine Mozzarellakugeln, die in der eigenen Molke verkauft werden. Sie sind weich und elastisch und besitzen einen deutlichen Milchgeschmack. Man erhält sie in den meisten Feinkostge-schäften.

Caponata

1 große Aubergine, in 1 cm große Würfel geschnitten
60 ml Olivenöl
1 Knoblauchzehe, zerdrückt
1 rote Paprika, klein gewürfelt
1 Tl Thymianblätter
2 El Tomatenmark
1 El gesalzene Kapern, abgespült und abgetropft
2 El klein geschnittene grüne Oliven
1 El fein gehackte Sardellen
2 El fein gehackte frische Petersilie

Die Aubergine leicht salzen und 20 Mi-nuten in einem Sieb abtropfen lassen. Abspülen und mit Küchenpapier tro-ckentupfen. Das Öl in einem Topf bei mittlerer Hitze erhitzen und den Knob-lauch 1 Minute unter Rühren andüns-ten, dann die Aubergine hinzugeben. Unter gelegentlichem Rühren braten, bis die Aubergine hell goldgelb ist, dann Paprika, Thymian, Tomatenmark und 125 ml Wasser hinzugeben. Die Tempe-ratur reduzieren und abgedeckt 15 Mi-nuten köcheln lassen, dann Kapern, Oliven und Sardellen hinzufügen. Ab-kühlen lassen und vor dem Servieren die Petersilie einrühren.

Zubereitungszeit: ca. 35 Minuten
(plus Zeit zum Abkühlen)
Insgesamt ca. 743 kcal/3110 kJ
12 g E · 66 g F · 25 g KH

Chilisirup

2 große rote Chilischoten
110 g Zucker

Die Chillies, Zucker und 125 ml Wasser in einem kleinen Topf zum Kochen brin-gen. Die Temperatur reduzieren und 5 Minuten köcheln lassen. Die Chillies entfernen, den Sirup abkühlen lassen und in ein Schraubglas oder eine Fla-sche abfüllen. Bis zum Gebrauch im Kühlschrank aufbewahren.

Zubereitungszeit: ca. 10 Minuten
(plus Zeit zum Abkühlen)
Insgesamt ca. 446 kcal/1867 kJ
0 g E · 0 g F · 110 g KH

Crème fraîche

Dickflüssige bis stichfeste, meist leicht angesäuerte Sahne aus pasteurisierter Kuhmilch mit mind. 30 % Fettgehalt.

Crêpeteig

125 g Mehl
4 Eier
1 Tl Backpulver
50 g Butter, zerlassen
300 ml Milch

Mehl, Eier, Backpulver, Butter und 1 Pri-se Salz verschlagen und langsam mit der Milch glatt rühren. Den Teig einige Stunden oder über Nacht ruhen lassen.

Zubereitungszeit: ca. 5 Minuten
(plus Zeit zum Ruhen)
Insgesamt ca. 1356 kcal/5682 kJ
53 g E · 80 g F · 106 g KH

Daikon-Rettich

Daikon ist ein großer weißer Rettich mit einem je nach Jahreszeit und Sorte mil-den bis scharfen Geschmack. Daikon enthält ein verdauungsförderndes En-zym. Er kann frisch gerieben oder in Brühe gekocht werden und ist in asiati-schen Lebensmittelgeschäften erhält-lich. Er sollte fest und glänzend sein und keine Schadstellen aufweisen.

Eingekochter Rhabarber

300 g Rhabarber
55 g feinster Zucker

Die Rhabarberstangen putzen und in je 4 Stücke schneiden. Mit Zucker und 60 ml Wasser in einen Topf geben und bei mittlerer Hitze aufkochen. Abdecken und 10 Minuten köcheln lassen. Vom Herd nehmen und abkühlen lassen.

Zubereitungszeit: ca. 15 Minuten
(plus Zeit zum Abkühlen)
Insgesamt ca. 252 kcal/1062 kJ
1 g E · 0 g F · 58 g KH

Eingelegter Ingwer

Japanischen eingelegten Ingwer erhält man in asiatischen Lebensmittelgeschäften. Die dünn gehobelten Späne junger Ingwerwurzel werden in einer Lake aus süßem Essig eingelegt und nehmen dabei eine rosa Färbung an. Die Lake verleiht Saucen eine süßliche Ingwerschärfe.

Filoteig-Tarteletts

Für 36 Stück
2 Blätter Filoteig
50 g Butter, zerlassen
Thymianblätter, fein gehackt

Den Backofen auf 160 °C vorheizen. Die Teigblätter auf eine saubere, trockene Fläche legen. Längs halbieren und die Hälften aufeinander legen. Erneut längs halbieren und den Vorgang wiederholen, bis ein etwa 5 x 7 cm großer Stapel entsteht.
2 flache Muffins- oder Tartelett-Bleche mit Butter einfetten. In jede Mulde ein Teigblatt geben und andrücken. Mit zerlassener Butter bestreichen und mit Thymian bestreuen. Mit einem zweiten Teigblatt bedecken, mit Butter bestreichen und einige Minuten hell goldgelb backen. Aus dem Ofen nehmen und abkühlen lassen.

Zubereitungszeit: ca. 25 Minuten
(plus Zeit zum Abkühlen)
Pro Stück ca. 31 kcal/130 kJ
0 g E · 2 g F · 3 g KH

Getrocknete Krabben

Getrocknete Krabben erhält man ganz oder gehackt in asiatischen Lebensmittelgeschäften. Sie dienen als Gewürz für Brühen oder als Zutat für Dips und Sambals.

Gewürz-Sumach

Gewürz-Sumach ist ein pfeffriges, säuerliches Gewürz aus getrockneten und gemahlenen Sumachbeeren. Die Frucht dieses Strauchs wird typischerweise in der arabischen Küche verwendet. Man erhält Gewürz-Sumach in Feinkost- und arabischen Lebensmittelgeschäften.

Granatapfelsirup

Dies ist ein dickflüssiger Sirup aus eingekochtem Granatapfelsaft. Er hat einen bittersüßen Geschmack, der vielen arabischen Gerichten eine säuerliche Frische verleiht. Man erhält ihn in Feinkostgeschäften.

Graved Lachs

Graved Lachs ist ein in Zucker eingelegter und mit Dill gewürzter Lachs. Man erhält ihn in Feinkostgeschäften und einigen Supermärkten. Als Ersatz bietet sich dünn aufgeschnittener Räucherlachs an.

Halloumi

Halloumi ist ein halbfester Ziegenkäse. Er hat eine gummiartige Konsistenz und wird beim Grillen oder Braten weich. Man erhält ihn in Feinkostgeschäften.

Indische eingelegte Limetten

Siehe Lime Pickle

Ingwersaft

Frischer Ingwersaft wird aus fein geriebenem und ausgepresstem frischem Ingwer gewonnen. Er dient zum Würzen von Dressing und Marinaden.

Ingwersirup

120 g geriebener Ingwer
220 g Zucker

Ingwer, Zucker und 125 ml Wasser in einem kleinen Topf aufkochen. Die Temperatur reduzieren und 5 Minuten köcheln lassen. In ein Schraubglas abgießen, abkühlen lassen und im Kühlschrank aufbewahren.

Zubereitungszeit: ca. 10 Minuten
(plus Zeit zum Abkühlen)
Insgesamt 916 kcal/3838 kJ
1 g E · 1 g F · 225 g KH

Kandierte Zitrusschale

Die Schale in einen Topf mit kaltem Wasser geben und aufkochen. Die Schale herausnehmen und das Wasser weggießen. Mit kaltem Wasser bedecken und den Vorgang zwei Mal wiederholen. Die gekochte Schale einige Minuten in einen Topf mit kochendem Zuckersirup* geben, dann herausnehmen und in feinem Zucker wenden. Über Nacht auf einem Zuckerbett trocknen lassen.

Kapern

Dies sind die grünen Beeren eines mediterranen Strauches, die in Lake oder Salz eingelegt sind. Die gesalzenen Kapern haben eine festere Konsistenz. Spülen Sie sie vor dem Gebrauch gründlich ab.

Konditorcreme

50 g feinster Zucker
2 Eigelb
25 g Maisstärke
1 Vanilleschote
250 ml Milch
25 g Butter

Zucker, Eigelbe und Stärke in einer Schüssel verschlagen. Die Vanilleschote aufschneiden und mit der Milch in einem Topf langsam aufkochen, dann vom Herd nehmen und 80 ml der heißen Milch mit der Eimischung verschlagen. Diese Mischung schnell in die restliche Milch zurückgeben und verrühren. Unter ständigem Rühren aufkochen und 1 Minute kochen lassen. Durch ein Sieb in eine Schüssel gießen und die Vanilleschote wegwerfen. Die Butter hineingeben und unter Rühren zerlassen. Die Creme abkühlen lassen und mit Frischhaltefolie abgedeckt kalt stellen.

Zubereitungszeit: ca. 25 Minuten
Insgesamt ca. 789 kcal/3305 kJ
16 g E · 44 g F · 84 g KH

Lime Pickle

Lime Pickle erhält man in indischen Lebensmittelgeschäften. Die eingelegten Limetten dienen in der indischen Küche als Beilage.

Mascarpone

Dieser italienische cremige Frischkäse wird häufig als Basis für süße und herzhafte Speisen verwendet.

Melasse

Ein dicker, brauner Sirup, der beim Raffinieren von Zucker entsteht und beispielsweise für Früchtebrot verwendet wird. Man erhält ihn in Reformhäusern und großen Supermärkten.

Mirin

Mirin ist ein in der japanischen Küche verwendeter Reiswein. Er verleiht vielen Saucen und Dressings Süße und wird zum Marinieren und Glasieren verwendet. Man erhält ihn in asiatischen Lebensmittelgeschäften.

Mozzarella

Frischer Mozzarella ist in Feinkostgeschäften erhältlich und zeichnet sich durch sein glattes, weißes Äußeres und seine Kugelform aus. Er sollte nicht mit industriell hergestelltem Mozzarella verwechselt werden, der meistens als Pizzabelag dient. Mozzarella wird meist in Molke eingelegt verkauft.

Mürbeteig

Für 36 Tartelets
200 g Mehl
100 g Butter

Mehl, Butter und 1 Prise Salz 1 Minute in der Küchenmaschine verrühren. 2 El eiskaltes Wasser hinzugeben und zu einem Teig verrühren. Den Teig in Frischhaltefolie eingeschlagen 30 Minuten kalt stellen. Ausrollen und Kreise ausstechen. Die Kreise in eingefettete Papier-Backförmchen oder Tartelett-Förmchen geben und weitere 30 Minuten kalt stellen. Den Teigboden mehrfach einstechen, mit Backpapier auslegen und mit ungekochtem Reis füllen, dann 7–10 Minuten im vorgeheizten Backofen bei 180 °C blindbacken. Aus dem Ofen nehmen und abkühlen lassen. Für einen süßen Teig 1 El feinsten Zucker oder 1 Tl Vanillearoma hinzugeben.
Tipp: Nicht gebrauchte Tartelets halten sich im Gefrierfach mehrere Wochen und können unaufgetaut direkt in den Ofen gegeben werden.

Zubereitungszeit: ca. 35 Minuten
(plus Zeit zum Ruhen)
Pro Stück ca. 40 kcal/164 kJ
1 g E · 2 g F · 4 g KH

Nori

Nori ist ein essbarer Seetang, der in hauchdünnen Blättern verkauft wird. Die glänzende Seite der Blätter wird bei schwacher Hitze leicht geröstet, um den Geschmack zu konzentrieren. Nori-Blätter erhält man in asiatischen Lebensmittelgeschäften, Reformhäusern und Feinkostgeschäften.

Orangenblütenwasser

Dieses duftende Destillat der Bitterorangenblüte wird als Aroma für Gebäck und Getränke verwendet. Man erhält es in Feinkostgeschäften und gut sortierten Supermärkten.

Palmzucker

Palmzucker wird aus dem Saft verschiedener Palmenarten gewonnen und meist in Blöcken verkauft. Man erhält ihn in asiatischen Lebensmittelgeschäften und gut sortierten Supermärkten. Man kann ihn durch braunen Zucker ersetzen.

Pancetta

Pancetta ist italienischer gesalzener Schweinebauch. Man erhält ihn in Feinkostgeschäften und einigen Supermärkten. Er wird entweder gerollt und dünn aufgeschnitten oder in großen Stücken zum Würfeln verkauft. Er verleiht Gerichten einen vollen Speckgeschmack.

Panettone

Ein aromatisches norditalienisches Hefebrot mit Rosinen und kandierten Zitrusschalen. Panettone ist ein klassisches Weihnachtsgebäck, das in Feinkostgeschäften und Supermärkten erhältlich ist. Es gibt ihn in verschiedenen Größen.

Parmaschinken

Parmaschinken ist ein leicht gesalzener, luftgetrockneter Schinken. Er ist meist hauchdünn aufgeschnitten in Feinkostgeschäften und Supermärkten erhältlich.

Pesto

Die in den meisten Supermärkten erhältliche Pesto ist eine pürierte Sauce aus Basilikum, Knoblauch, Parmesan, Pinienkernen und Olivenöl.

Pfannkuchenteig

125 g Mehl
40 g feinster Zucker
1 Ei
150 ml Milch

Mehl, Zucker und 1/2 TI Salz in eine Schüssel geben. In einer zweiten Schüssel Ei und Milch verschlagen. Zum Mehl geben und kurz verrühren. Den Teig vor der Verwendung 10 Minuten ruhen lassen.

Zubereitungszeit: ca. 5 Minuten
(plus Zeit zum Ruhen)
Insgesamt ca. 772 kcal/3231 kJ
25 g E · 13 g F · 136 g KH

Pflaumensauce

1 El chinesischer schwarzer Essig
1 El Reiswein
2 El Zucker
1 TI helle Sojasauce
1 El Pflanzenöl
1 ½ TI gehackter Knoblauch
2 TI geriebener frischer Ingwer
4 Pflaumen, entsteint und geschält

Essig, Reiswein, Zucker, Sojasauce und 125 ml Wasser in eine Schüssel geben. Das Öl in einem kleinen Topf bei mittlerer Hitze erhitzen. Knoblauch und Ingwer 1 Minute dünsten, dann die Pflaumen hinzugeben. Kochen, bis die

Pflaumen zerfallen, dann die Flüssigzutaten zugießen. 15 Minuten köcheln, vom Herd nehmen und abkühlen lassen.

Zubereitungszeit: ca. 30 Minuten
Insgesamt ca. 336 kcal/1408 kJ
2 g E · 10 g F · 54 g KH

Pizzateig

Für 24 Mini-Pizzen
½ Päckchen Trockenhefe
1 TI Zucker
190 g Mehl
2 El Olivenöl

Hefe und Zucker mit 160 ml warmem Wasser in eine Schüssel geben, leicht durchrühren und 5 Minuten stehen lassen, bis sich Schaum auf der Oberfläche bildet. Mehl und 1 TI Meersalz in eine große Schüssel geben und eine Mulde in die Mitte drücken. Das Olivenöl zur Hefemischung geben und mit dem Mehl zu einem Teig verkneten. Den Teig einige Minuten auf einer bemehlten Fläche geschmeidig und elastisch kneten. In eine geölte Schüssel geben, mit einem Handtuch oder Frischhaltefolie abdecken und 1 Stunde an einem warmen Ort auf doppelte Größe gehen lassen. Zusammenschlagen, auf einer bemehlten Fläche dünn ausrollen und 24 Kreise à 8 cm Ø ausstechen. Auf ein Backblech legen und 30 Minuten gehen lassen. Belegen und 15 Minuten im vorgeheizten Backofen bei 180 °C backen.

Zubereitungszeit: ca. 35 Minuten
(plus Zeit zum Gehen)
Pro Portion ca. 36 kcal/149 kJ
1 g E · 1 g F · 6 g KH

Quittenpaste

Quitten sind große aromatische Früchte mit hohem Pektingehalt. Beim Einkochen entsteht eine geleeartige Paste von tiefrosa Färbung.

Reispapier

Essbare Reispapierblätter erhält man in Feinkostgeschäften oder in asiatischen Lebensmittelgeschäften. Sie dienen meist zum Einschlagen von Nougat- und Marzipan-Füllungen.

Rosenwasser

Dieses ist ein Destillat aus Rosenblütenblättern. Rosenwasser verleiht Gebäck und Puddingen einen duftigen Geschmack. Es wird of zusammen mit Orangenblütenwasser verwendet und ist in Apotheken, Feinkostgeschäften und großen Supermärkten erhältlich.

Röstzwiebeln

Dies sind knusprig frittierte Schalotten oder Zwiebeln, die in Plastiktöpfchen oder Beuteln verpackt gebrauchsfertig verkauft werden. Sie werden häufig als Geschmacksverstärker über Reis und herzhafte Gerichte gestreut.

Sambal Oelek

Eine scharfe Paste aus zerstoßenen Chilischoten, Salz und Essig, die in asiatischen Lebensmittelgeschäften und vielen großen Supermärkten erhältlich ist.

Schafskäse

Schafskäse oder Feta ist ein salziger Käse, der durch die Lake, in der er aufbewahrt wird, „jung" gehalten wird. Er muss in dieser Lake gelagert bleiben, da er sonst schnell verdirbt. Man erhält ihn in Feinkostgeschäften und den meisten Supermärkten.

Schwarze Sesamkörner

Diese meist in der asiatischen Küche verwendeten Sesamkörner verleihen jedem Gericht Farbe, Biss und eine nussige Note. Man erhält sie in asiatischen Lebensmittelgeschäften. Kaufen Sie nur kleine Mengen, da sie schnell ranzig werden.

Somen-Nudeln

Diese dünnen japanischen Weizennudeln werden in Bündeln getrocknet verkauft. Man erhält sie in asiatischen Lebensmittelgeschäften.

Tahini-Paste

Tahini ist eine cremige Sesampaste. Man erhält sie in Gläsern in gut sortierten Supermärkten und in Reformhäusern.

Tamarindenwasser

Tamarinde ist das saure Mark einer asiatischen Frucht. Man erhält es meist gepresst oder als Konzentrat in Gläsern in asiatischen Lebensmittelgeschäften. Um Tamarindenwasser herzustellen, bedeckt man 100 g gepresstes Tamarindenmark mit 500 ml kochendem Wasser und lässt es unter gelegentlichem Rühren 1 Stunde ziehen, bevor man es abseiht. Verwenden Sie Tamarindenkonzentrat nach Anleitung des Herstellers.

Tarteletts
Siehe Mürbeteig

Tempuramehl

Das abgepackt in asiatischen Lebensmittelgeschäften erhältliche Tempuramehl dient zum Anrühren eines leichten Ausbackteigs zum Panieren roher Zutaten, die dann in heißem Öl goldbraun ausgebacken werden.

Tobikko-Wasabi

Tobikko-Wasabi erhält man im Fisch-Fachgeschäft. Es ist der winzige Rogen des fliegenden Fischs, der mit einer scharfen grünen Paste aus der Wurzel der Wasabi-Pflanze gefärbt und aromatisiert wird. Tobikko-Wasabi dient meist als Garnitur für Sushi.

Tortillas

Diese dünnen, runden, ungesäuerten Maisfladen finden in der mexikanischen Küche Verwendung. Tortillas sind fertig abgepackt in gut sortierten Supermärkten erhältlich.

Türkischer Honig

Türkischer Honig oder Lokum ist ein zähes Gelee aus Zuckersirup und Maisstärke, das gewöhnlich mit Rosenwasser oder Orangenblütenwasser aromatisiert ist. Diese in der Regel mit Puderzucker bestäubte Süßigkeit erhält man in türkischen Lebensmittelgeschäften, Feinkostgeschäften und Konditoreien.

Waffelteig
Für 16 Waffeln
250 g Mehl, 1 Tl Backpulver
2 Tl Zimtpulver
140 g feinster Zucker
75 g Butter, zerlassen
3 Eier, getrennt
625 ml Milch

Mehl, Backpulver und Zimt in eine Schüssel sieben, mit dem Zucker mischen und eine Mulde in die Mitte drücken. Die Butter in einer Schüssel mit Eigelben und Milch verschlagen und schnell mit dem Mehl zu einem glatten Teig verrühren. Das Eiweiß in einer sauberen Schüssel steif schlagen und vorsichtig unter den Teig ziehen. Ein Waffeleisen vorheizen und leicht einfetten. Eine kleine Menge Teig auf das Eisen geben, den Deckel schließen und die Waffel goldgelb backen.

Den Vorgang mit dem restlichen Teig wiederholen.
Zubereitungszeit: ca. 40 Minuten
Pro Stück ca. 165 kcal/692 kJ
4 g E · 7 g F · 22 g KH

Wantan-Blätter
Diese hauchdünnen Teigblätter sind frisch oder tiefgekühlt in asiatischen Lebensmittelgeschäften erhältlich. Sie können um Füllungen gewickelt und gedämpft, frittiert oder in Brühe gekocht werden. Es gibt sie als Kreise oder Vierecke in verschiedenen Stärken.

Weinblätter
Die großen grünen Blätter der Weinrebe werden frisch oder in Lake eingelegt verkauft. Man verwendet sie in der griechischen und arabischen Küche als Umschläge. Eingelegte Weinblätter sollten vor der Verwendung abgespült werden. Frische, junge Weinblätter können 10 Minuten in Wasser geköchelt werden, um sie geschmeidig zu machen.

Weiße Miso
Weiße Miso (die eigentlich blassgelb ist) ist eine fermentierte Paste aus Sojabohnen, Salz und entweder Reis oder Gerste. Sie wird in der japanischen Küche häufig für Suppen, Brühen und als Zutat für Saucen und Eingemachtes verwendet. Weiße Miso hat einen süßen, sanften Geschmack und einen relativ niedrigen Salzgehalt. Man erhält sie in asiatischen Lebensmittelgeschäften und manchen Reformhäusern.

Zitronen-Dip

Saft von 2 Zitronen

2 Sternanis

3 Kardamom-Kapseln

60 g Zucker

2 Tl helle Sojasauce

Alle Zutaten in einen kleinen Topf geben und 5 Minuten bei mittlerer Hitze köcheln lassen. Vor dem Servieren abkühlen lassen.

Zubereitungszeit: ca. 10 Minuten
(plus Zeit zum Abkühlen)
Insgesamt ca. 354 kcal/1482 kJ
2 g E · 1 g F · 80 g KH

Zitronen-Mayonnaise

2 Eigelb

Saft und fein abgeriebene Schale von 1 Zitrone

250 ml Pflanzenöl

Die Eigelbe in einer Schüssel mit Zitronenschale und -saft verschlagen. Langsam mit dem Öl cremig rühren und mit Salz und weißem Pfeffer abschmecken.

Zubereitungszeit: ca. 10 Minuten
Insgesamt ca. 2405 kcal/10083 kJ
7 g E · 265 g F · 10 g KH

Zuckersirup

250 g Zucker mit 250 ml Wasser in einem Topf aufkochen und rühren, bis sich der Zucker löst. Abkühlen lassen und in einer Flasche im Kühlschrank aufbewahren.

Zubereitungszeit: ca. 5 Minuten
(plus Zeit zum Abkühlen)
Insgesamt ca. 1012 kcal/4242 kJ
0 g E · 0 g F · 250 g KH

Rezept-
verzeichnis